日本の歴史的広告

クリエイティブ100選

〈江戸時代〜戦前
戦後〜現代まで〉

岡田芳郎

宣伝会議

日本の歴史的広告　クリエイティブ１００選

〈江戸時代～戦前　戦後～現代まで〉

はじめに

広告って、こんなに面白い。

広告の系譜には、人をあっと驚かす奇想天外な広告、人を惹きこむ謎に満ちた広告、思わず笑ってしまうユーモラスな広告、首をひねる変わった広告、アイデアに満ちた広告など、企画性豊かでエンターテインメント性にあふれた広告がたくさんあります。世界的に大きな変革期を迎えた今日、普通のことを当たり前に伝える広告は、生活者の心に届きにくいようです。ひとひねり、ふたひねりした思い切った発想と表現が求められ、それらは広告に新たな地平をつくり出しています。

広告の歴史を振り返ると、これまでさまざまな実験が行われてきたことがわかります。過去のエネルギッシュで冒険心に富んだ広告を辿ることで、みなさんの心に勇気とファイトが生まれるに違いありません。

本書では、広告がつくり出している「面白さ」に重きを置いて作品を選びました。広告はモノを売る手段ですが、広告という存在が「表現」である以上、そこには自ずと販売目的を超えた「遊び」や「芸」が生じます。それらは広告の読者・視聴者に面白さ、楽しさを感じさせ、結果として販売に結び付くというパラドックスがうまれるのです。

大正・昭和時代に活躍したクリエイティブ・ディレクターの片岡敏郎は、「私どもの足もとは広告の畑です」と言いました。彼は、「いい畑からいい作物が出来るように、いい商売、いい社会からはいい広告が生まれる。そして、いい広告とは、いい商売をつくり、いい社会をつくる」と考えました。

この言葉のように、広告の歴史を見ると、時代や社会と広告がいかに表裏一体となっているかに気付きます。ぜひ、「広告をつくる人たちの役割は大きい」ということを頭に置きながらお読みいただきたいと思います。

なお、本書は、広告クリエイターには「クリエイティブのネタ帳」として、広告関係者・研究者には「時代と広告を考察する資料」として、一般読者には「広告にまつわる気軽に読める読み物」として、楽しんでいただければと思います。

日本の歴史的広告クリエイティブ100選　目次

はじめに　2

第一部　奇想天外、あっと驚く、人を惹きこむ広告　11

その1　壽屋「子供の習字」　12
その2　利休「透視広告」　14
その3　星製薬「求婚広告」　16
その4　平凡社「説教強盗に告ぐ」　18
その5　森永製菓「横綱太刀山の手形」　20
その6　パイロット万年筆「はっぱふみふみ」　22
その7　角萬「角萬とはなんぞや?」　24
その8　山東京伝店「謎絵入り引札」　26
その9　立山酒造「清酒銀嶺立山」　28

第二部　アイデアに満ち、企画性豊かな広告　31

その10　平凡社「懸賞模擬総選挙」　32
その11　DHC「大正浪漫編」　34
その12　ラクトー「空中マラソン競走」　36

その13　四社連合広告「世界一周航空競争懸賞広告」　38
その14　角川書店「人間の証明」　40
その15　八社連合広告「商品商店批判デー」　42
その16　東映「無名の超大作。」　44
その17　連合広告「朝日いろは歌留多」　46
その18　映画100年「WELCOM TO CINEMA」　48
その19　丸善「新大英百科全書」　50
その20　津村順天堂「中将湯の広告小説」　52
その21　塩野義製薬「ペンギン鳥の歌」　54
その22　講談社「大付録・金色夜叉」　56
その23　六社連合「只野凡児君の商品めぐり」　58
その24　福助足袋・岡本一平の漫画「生い立ち見物」　60

第三部　新しい試み、実験、新機軸を知らせる広告　63

その25　壺屋「立食料理開業」　64
その26　エスカレーター「ハイカラな都市装置」　66
その27　高等馬車「高等貸馬車」　68
その28　三越呉服店「ファッション・ショウ」　70
その29　福助足袋「座談会で」　72
その30　落語広告事務所「落語広告」　74
その31　キンシ正宗「懸賞クロスワード」　76

第四部　思わず笑ってしまうユーモラスな、面白く、考えさせる広告　79
その32　森永製菓「エンゼルは男の子？　女の子？」　80
その33　富士フイルム「それなりに」　82
その34　としまえん「史上最低の遊園地。」　84
その35　明治製菓「おれ、ゴリラ」　86
その36　不二家「ペコちゃんいくつ？」　88

第五部　魅力的で、好奇心をそそられる広告　91
その37　郵便局「黒澤明全30作品絵はがき」　92
その38　風月堂「マシュマロ発売」　94
その39　ライオン歯磨「アメリカへの旅」　96
その40　壽屋「トリスを飲んでＨＡＷＡＩＩへ行こう！」　98
その41　改造社「現代日本文学全集」　100
その42　岩波書店「岩波文庫発刊」　102
その43　壽屋「出たオラガビール」　104
その44　パラマウント「モロッコ」　106
その45　キスミー販売「素人ジャズのど自慢」　108
その46　三越呉服店「新館成る」　110
その47　日本麦酒「ミュンヘン　サッポロ　ウイスキー」　112
その48　不二家「ペコちゃん誕生50年」　114
その49　ソニー「ソニービル開館」　116

その50　壽屋「サントリーウヰスキー」白札　118
その51　日産自動車「サニー1200」　120
その52　講談社「キング」創刊　122
その53　マンダム「男の香り」　124

第六部　文化性に溢れ、人間性豊かな広告　127

その54　NTTデータ「ダリュージョン篇」　128
その55　東芝「音楽は世界のことば」　130
その56　文藝春秋「矢張り安くて面白いよ」　132
その57　江崎グリコ「豆文広告」　134
その58　ヴァージンアトランティック航空「アートコンテスト」　136
その59　ソニー「出るクイを求む！」　138
その60　サントリー「かくて、陽はまた昇る。」　140
その61　連合広告「東都名勝八景」　142
その62　岩波書店「文庫創刊80年」　144
その63　富士ゼロックス「人間と文明」　146
その64　壽屋「不景気か？　不景気だ！」　148
その65　寿毛加社「コント広告」　150
その66　岩谷商会「天狗煙草」　152
その67　協和発酵工業「二人で二百歳」　154

第七部　社会に訴える、問題提起する広告　157

その68　富士ゼロックス「ビューティフル」　158
その69　大映「日本映画は必ず復興する」　160
その70　アンネ「40年間お待たせしました」　162
その71　三越呉服店「三越の下足問題」　164
その72　味の素「断じて蛇を原料とせず」　166
その73　江崎グリコ「ともこちゃん、ありがとう。」　168
その74　日本国有鉄道「国鉄は話したい」　170
その75　ベネトン　ジャパン「リ・ディストリビューション・プロジェクト」　172
その76　日本メンソレータム本舗「国策に準じて」　174
その77　角川書店「女性よ、テレビを消しなさい」　176
その78　煙草製造官業反対聯合同盟会「天下識者の賛同を仰ぐ」　178
その79　西武百貨店「おいしい生活。」　180

第八部　タイムリーで、時代のニーズにこたえ心をうつ広告　183

その80　新国劇「天幕劇場」　184
その81　小川興業「ドラム缶風呂」　186
その82　ダーバン「さようなら、ジャン・ギャバン。」　188
その83　阪急百貨店「開店広告」　190
その84　スバル座「アメリカを観る場所……」　192
その85　平凡社「世界大百科事典」　194

その86　夏目金之助「洋行出発挨拶」　196
その87　福助足袋「歓迎　巨船Z伯号」　198
その88　森下仁丹「JINTAN」　200
その89　トヨタ自動車「輸出累計100万台」　202
その90　資生堂・小学館「元旦広告」　204
その91　八洲家畜病院「開院の知らせ」　206
その92　数十社連合広告「復興祝賀行列広告祭」　208
その93　歌舞伎座「歌舞伎百年。」　210
その94　芸妓小清「帰宅の御披露」　212
その95　宝島社「田村隆一」　214
その96　片岡敏郎「引退広告」　216

第九部　物語性のある、感動的な広告　219

その97　公共広告機構「トンボは棲めるか」　220
その98　JR東海「距離に負けるな、好奇心。」　222
その99　デルタ航空「スピリッツ・オブ・デルタ号」　224
その100　ヤマト運輸「たった二個」　226

おわりに　228

第一部

奇想天外、あっと驚く、人を惹きこむ広告

その1　壽屋　赤玉ポートワイン「子供の習字」

新聞記事の上に書いた広告

1920（大正9）年1月12日の赤玉ポートワインの広告は、斬新な発想で読者の注目を浴びた。新聞記事の上に「赤玉ポートワイン」と稚拙な文字が赤色で書かれ、右下にいびつな赤玉が塗られている。当時カラーで目立たせた広告も珍しく大評判になった。新聞は記事が商品であるのに、その商品を子供の習字用紙に見立てるという思い切った手法だ（大衆の日常生活で新聞紙で習字の稽古をするのは普通だったが、それをそのまま広告に応用したのだ）。「商品を汚す」ことは、今日のメディアコードでは許されないのではあるまいか。

だが、「報道」という現実の話題と「赤玉ポートワイン」を重ね合わせたとき、製品の存在はにわかに身近なものとなる。広告の背景の記事に、この時の社会情勢が生々しく迫る。「浦塩（ウラジオストック）市街戦を観る」「婦人夜業禁止問題で資本代表の八つ当たり」「日本の労働婦人は資本家の餌食で無い」「機関車海中に墜落」など、厳しい社会のトピックが報道されている。記事中広告にトリスのウイスキータンサン「ウイスタン」をさりげなく入れているのもニクイ。赤玉ポートワインはそのような時代に生きる人々の飲む酒なのだ。

この広告は、名クリエイターとして名高い片岡敏郎がつくった。電通から森永製菓に入り、さらにスカウトされて壽屋（現・サントリー）に入社した片岡はつねづね、「広告文は社長や担当部課長の代筆をして喜ばせるものではない。商品の代筆をして使う人たちを喜ばせるものである」と言った。片岡はつねに社会と生活者の側に立ち、驚きの目で商品を見つめる広告を企画した名クリエイターだった。

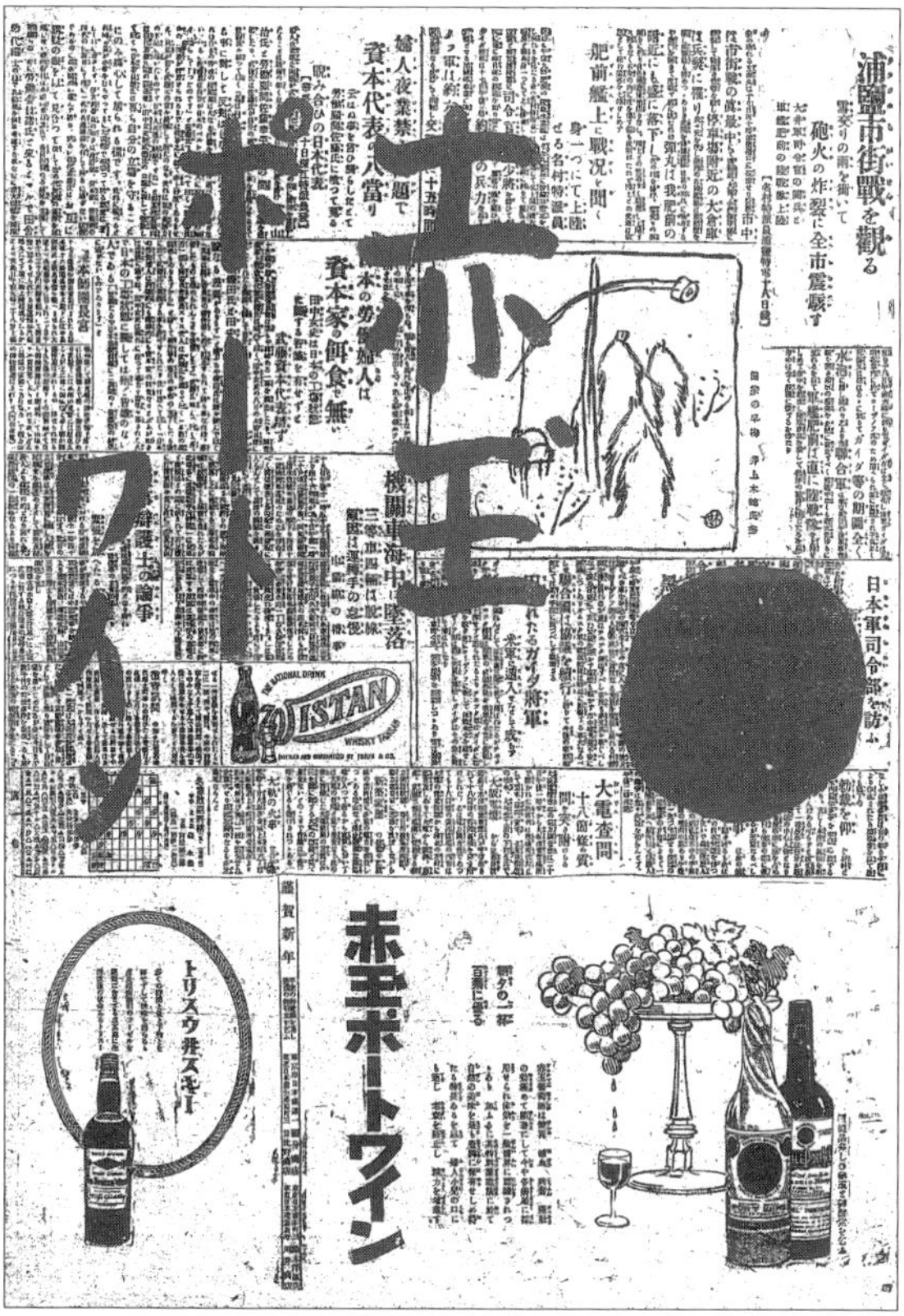

その2 利休 最高級料理酒「透視広告」

遊び心ある透視広告

１９３０（昭和５）年10月31日の「利久」の新聞記事下表裏広告は、新聞紙の薄さを逆に利用したトリッキーな広告である。片方の紙面に広告スペースいっぱいに大きくひょうたんが描かれ、右下に、「？　何だろう？　透して　御覧」、左上に斜めに「イヨー　ステキだ!!　実にウマイ!!」とコピーが入っている。さて、その紙面の裏側には裏返しの文字が置かれ判読できないが、左下に「裏面から透して御覧」と書いてある。もう一度紙面をひっくり返し新聞を透かして見ると、ひょうたんの中に「最高級　理研酒　利久」と文字が見える趣向だ。新聞紙の特性を生かし、遊び心いっぱいのアイデアであり、酒という商品にぴったりののどかさだ。余計な要素がなにもないのがいい。一種のティーザー効果がある。

この頃、１９２９年の世界大恐慌が日本にも波及しまさに現在と同じような不況が広がってきた。企業の人員整理、賃金切り下げが行われ、殺伐とした世相になっていた。「ルンペン」「アチャラカ」「エログロナンセンス」が流行語となった。この広告は、そんな時代だからこそ人の心を和ませちょっとした楽しみを提供する「広告の効用」を発揮しているといえよう。

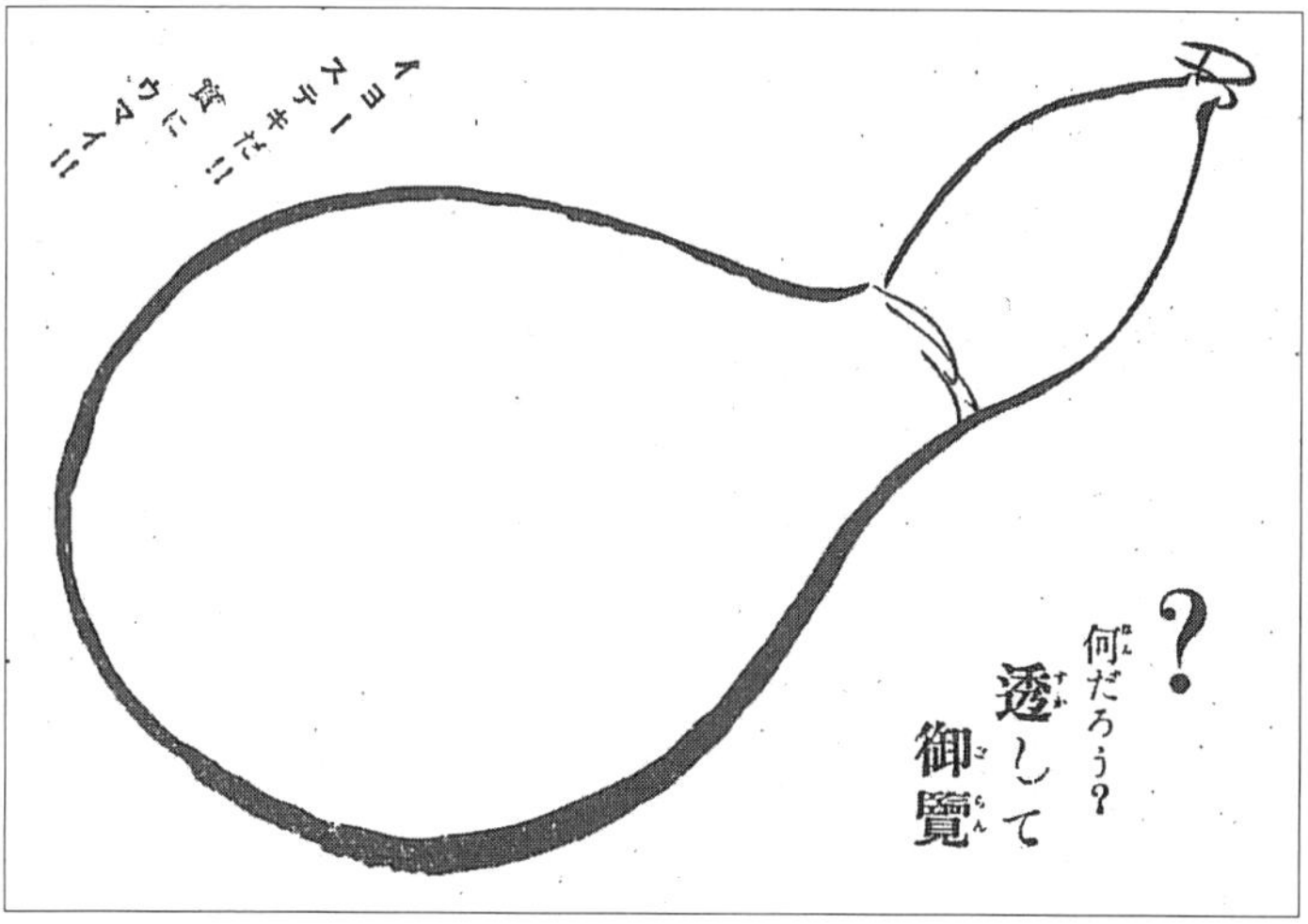
?
何だろう?
透して御覧

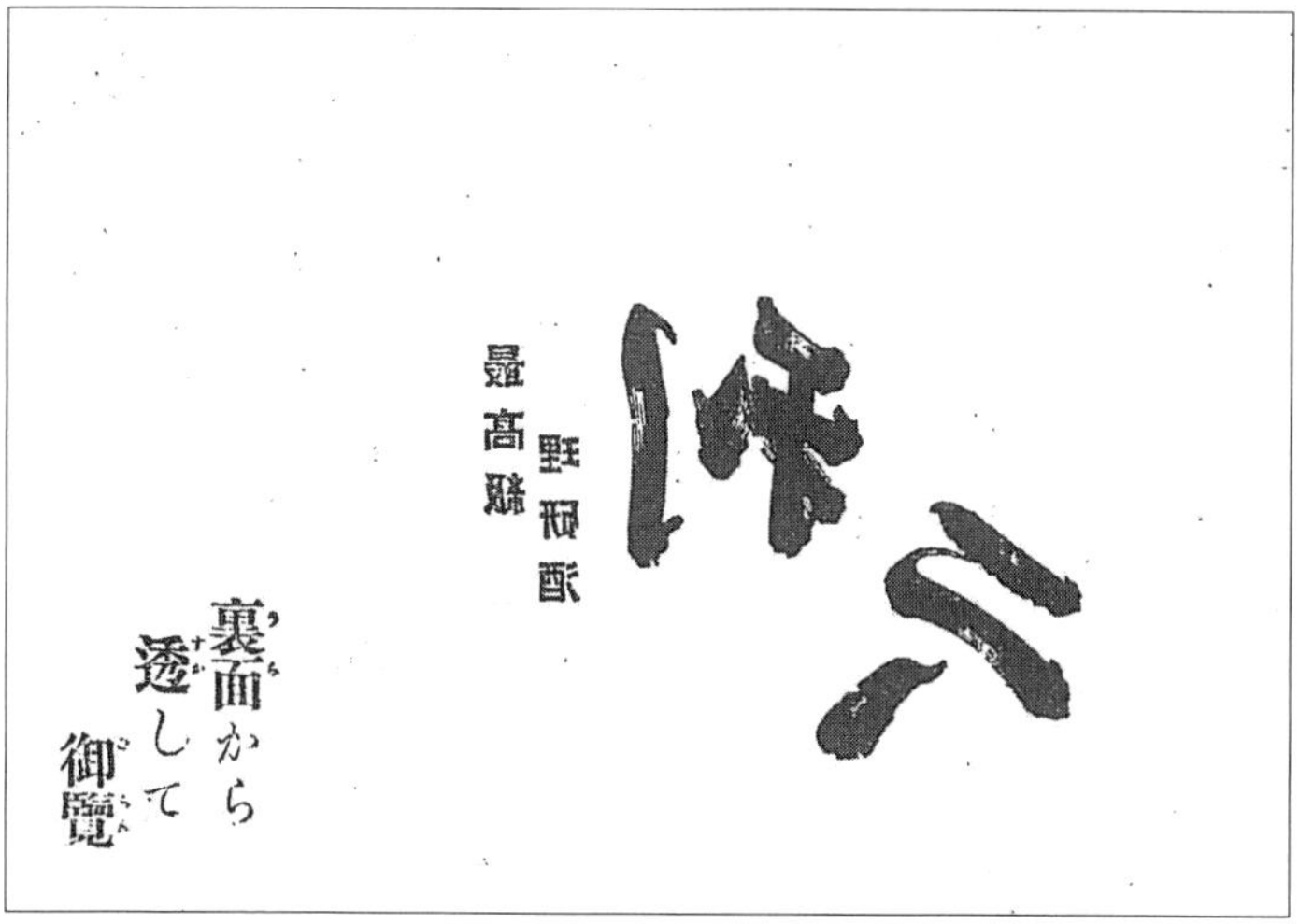
裏面から
透して
御覧

その3　星製薬「求婚広告」

男性の意表を突く

１９１３（大正2）年2月18日、星製薬の「求婚広告」は典型的なスタンツ広告（読者をアッと驚かす、トリッキーな広告）である。長谷川まつ子という17歳の和装の美人が結婚相手を求める体裁で、よく読んでゆくと「淋病新薬ホシノゴール及び梅毒新薬ホシサヨリン」の説明になってゆく。

巧みな構成で読者は興味を抱かずにはいられない。学歴、年齢、収入、持参金など、具体的に結婚相手の条件が記されている。これは薬のターゲットでもあるのだろう。収入の項目では「御財産については、当方に別段の希望これ無く候へ共、下女一人位を使い、中流の生活に不自由なき御収入ある方を希望致し候」とあり、持参金は「金一萬円也、但し十ヶ年間は当方名義にて確実なる銀行預金とし、利息のみを化粧料として使用する事に致したく候」と実に細かい使い方を記している。

日本最初の「求婚新聞広告」は、１８８１（明治14）年5月20日と文献に載っており、時折掲載されていたようだ。その形式を踏襲し淋病、梅毒の薬を広告する仕掛けが意表をついている。

１９１３年は、芸術座第一回公演が行われ松井須磨子が注目をあび、与謝野晶子の「新訳源

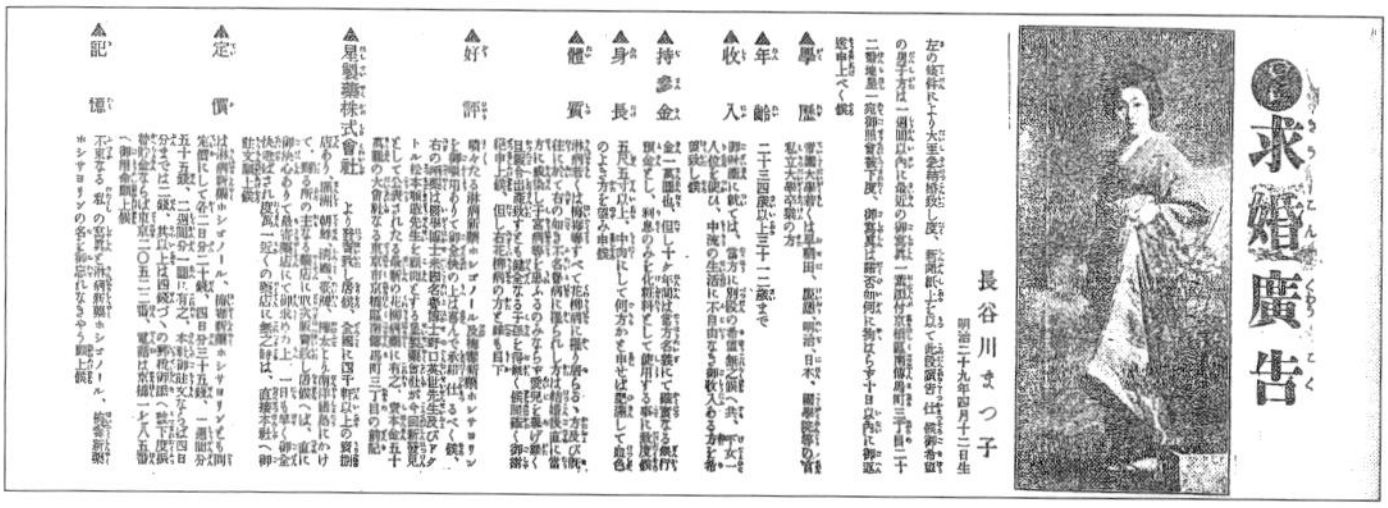

氏物語」がベストセラーになった。平塚らいてうが中央公論で「新しい女」を宣言し、東北帝大に初の女子帝大生が3人合格した。女性が社会の表面に顔を出しつつあった。この星製薬の「求婚広告」はそのような時代にあって、ややオールドファッションの女性像に見受けられる。

その4　平凡社「説教強盗に告ぐ！」

一人に宛てた広告

1929（昭和4）年1月18日、平凡社の新聞突出しに掲載された「説教強盗に告ぐ！」は、特定の個人に宛てた珍しい広告だ。この広告は、当時の世の中を騒がせていた事件をテーマに、一出版社が行った呼びかけである。

「君の出没に依って東京市民は一種の驚怖病に襲はれている。君も亦現在の悪業が長く続くものではあるまい。即時自首して出よ。此の広告発表後一週間内に自首すれば実際君の言う如く家族が困窮して居れば、実情調査の上、家族に一千円を進呈しよう」とコピーは記す。そして末尾に「この企ての成り行きは「平凡」誌上にて発表す」と書かれ、雑誌販促にもぬかりはない。

「説教強盗」の正体は、仕事がなく生活に困窮していた左官。押し入った家で、戸締りの悪さや泥棒除けに犬を飼えなどと説教する奇妙なやり口で、社会の話題になり、朝日新聞が「説教強盗」と名づけた。説教をするのは始発電車までの時間かせぎだったらしい。2年半の間に強盗65件、窃盗29件もの犯行を重ねたが、説教強盗に同情し肩を持つ者が大勢いたという。ちなみにこの男は広告の呼びかけには応じず、広告が出た5日後の2月23日に逮捕された。

この年は、景気低迷、政治の混迷、国際情勢のひっ迫といった閉塞感に満ちた年であった。

大学卒業者の就職難が社会的問題になり、映画「大学は出たけれど」が多くの共感を呼んだ。

「説教強盗に告ぐ！」は、そのような時期での、思い切ったソーシャルコミュニケーションである。小粒ながらインパクトの強いメッセージを伝える、「突出《つきだ》し」と言う方法がいかにもふさわしい。

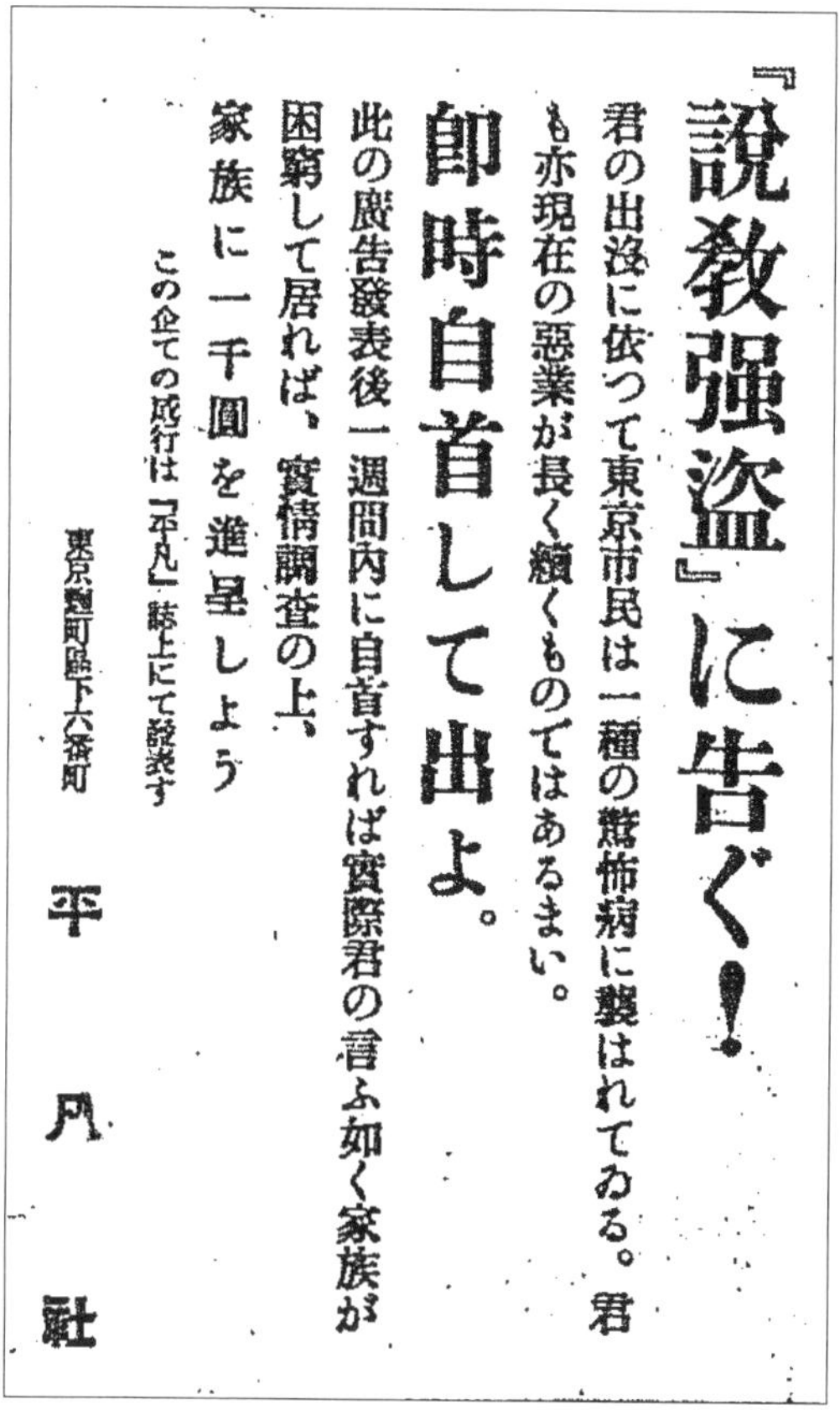

『説教強盗』に告ぐ！
君の出沒に依つて東京市民は一種の恐怖病に襲はれてゐる。君も亦現在の惡業が長く續くものではあるまい。
即時自首して出よ。
此の廣告發表後一週間内に自首すれば實際君の言ふ如く家族が困窮して居れば、實情調査の上、家族に一千圓を進呈しよう
この企ての成行は「平凡」誌上にて發表す
東京麹町區下六番町
平凡社

その5　森永製菓　森永ミルクキャラメル「横綱太刀山の手形」

片岡敏郎の傑作

１９１８（大正7）年1月12日、森永ミルクキャラメルの広告は、この年の1月に引退した最強横綱へのオマージュだ。スペース中央に横綱太刀山《たちやま》の大きな手形が突き出すようにこちらに迫ってくる。突っ張りで一時代を築いたスピード溢《あふ》れる相撲。拡げられた力強い指からパワーが発せられている。

原寸大の手形に多くの読者が自分の手を重ね合わせ太刀山の手の大きさに驚いたことだろう。黒い掌に白抜きで、「天下無敵　実質の抜群！　名声の卓越！　森永ミルクキャラメル」と文字が入る。まさしく天下無敵の横綱の「お墨付き」だ。右下には太刀山の署名が置かれている。左上に「ニセモノ多し商標に御注意」と記しマークと会社名を小さく入れているが、全体の印象は、太刀山の手形だけで他にはなにもないシンプルさだ。

この広告は名横綱の引退をとらえたタイムリーな着眼と、無敵の強さを手形で表現したヴィジュアルの鋭さが鮮やかだ。この時代、ホワイトスペースを多く使った広告は見当たらないが、その中で際立った空間の使い方だ。クリエイター片岡敏郎の傑作である。

この年は、浜辺の歌、宵待草などの歌が町にながれ、大正のメランコリックな空気に包まれた年だった。

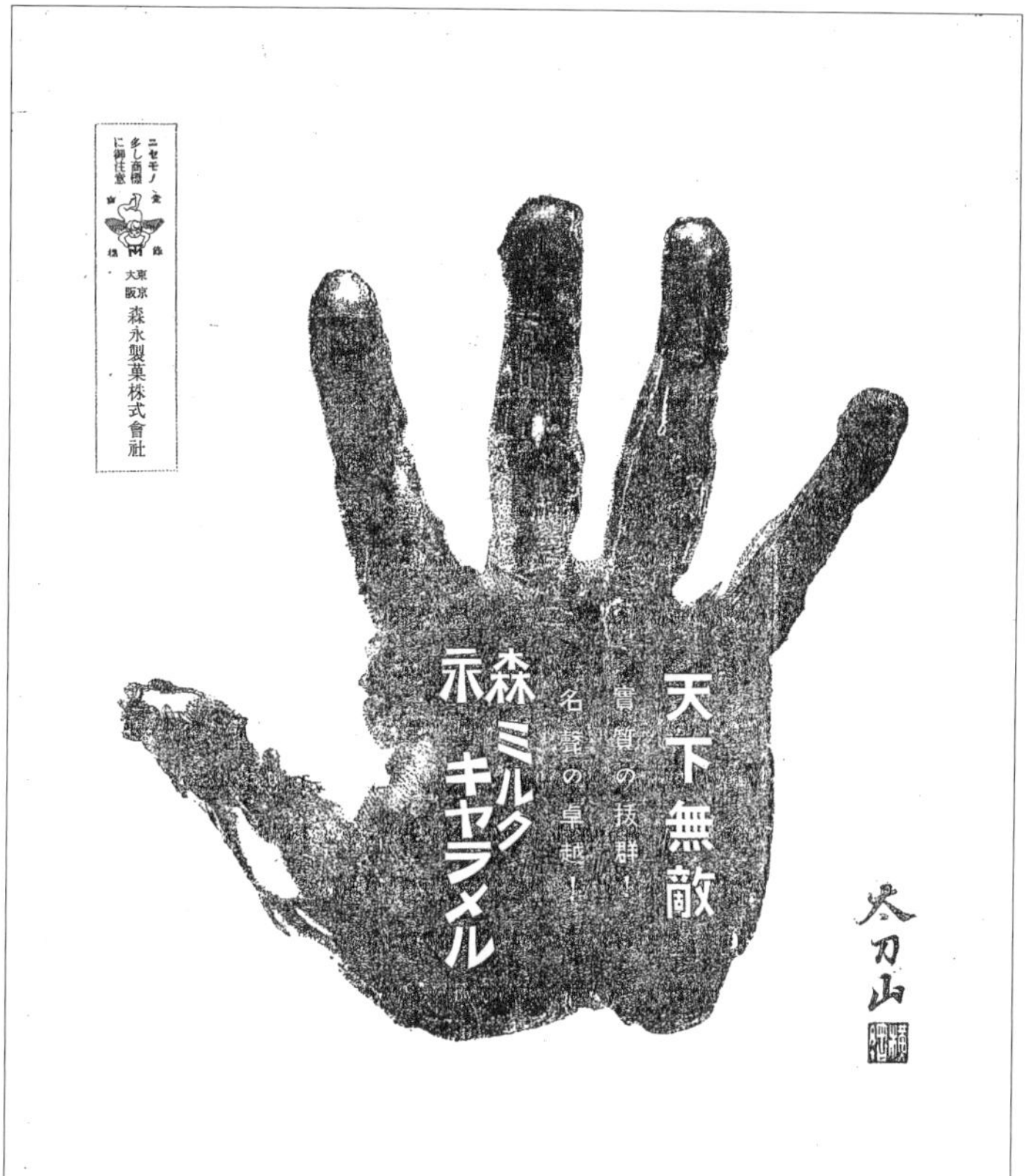
天下無敵
實質の抜群！
名聲の卓越！
森永ミルクキャラメル
太刀山
ニセモノ多し商標に御注意
東京 大阪 森永製菓株式會社

その6　パイロット万年筆「はっぱふみふみ」

衝撃的なナンセンスCM

１９６９（昭和44）年制作の「パイロット・エリートＳ」のテレビＣＭは、それまでの広告セオリー、ＣＭ手法を覆した衝撃的な広告だった。なにしろタレントの大橋巨泉が語るメッセージが奇妙奇天烈なのだ。「みじかびのキャプリてとればすぎちょびれ、すぎかきすらのはっぱふみふみ」。

だが、おおよその意味が伝わるところがミソだ。真面目な売り言葉が必ずしも生活者に有効に伝わらず、冗談のような言葉遊びが人の心に届くところに広告効果の不思議、逆説がある。このセリフは、大橋巨泉の人を食った自信たっぷりのキャラクターが生み出したものであり、本番時にアドリブで喋ったという。巨泉のパーソナリティと自分の言葉で語る強さが相手の胸にまっすぐ響いてくる。

日本のＣＭで新聞・雑誌に一番多く取材され論評されたＣＭともいわれ、この一本は業績不振だったパイロット万年筆を完全に立ち直らせた。ひとつのＣＭが大きな販売効果を上げた屈指の事例だ。

「はっぱふみふみ」には、ジャズマンの言葉遊びの感覚がある。即興性とカラッとした調子いいプレーヤーの気分。それがモダンだ。ディスコミュニケーションがかえって深いところで

「パイロット・エリートS」CMの一場面

コミュニケーションを成立させている。「はっぱふみふみ」は、時代の風潮となった「ナンセンス」のシンボリックな言葉となった。

その7　角萬「角萬とは何ぞや」

スタンツ広告の傑作

１９４５（昭和20）年、敗戦直後の首都圏の焼け跡に奇妙な広告が出現した。廃墟のコンクリートの壁にペンキで乱暴な字が大書されていた。「角萬とは何ぞや」「結婚とは何ぞや」「全国のお婿さん大塚結婚とは何ぞや」などと殴り書きされた稚拙な文字に、多くのものを喪失した日本人は再生の意欲を感じた。今も当時を知る人には鮮明な印象を残しているはずだ。

「何ぞや」という問いが繰り返し見るものの興味をそそる。角萬とはいったい何だろうと人々の話題をさらった。それは都内のさまざまな廃墟に傍若無人に現れ、神奈川県の橋のそばにも現れた。道を歩いていて、電車に乗っていて、バスに乗っていて、「角萬とは何ぞや」という文字はいたるところで目についた。約６００カ所に書かれてあったというから、当時の首都圏でこれを知らない人はおそらく居なかったろう。

東京・大塚の結婚式場「角萬」の広告だが、一つの時代を象徴する記念碑的なスタンツ広告の傑作といえよう。

当時の角萬の宣伝展開の記録

その8　山東京伝店「謎絵入り引札」

新形紙煙草入　売り出し

1795（寛政7）年9月、戯作者・浮世絵師として一世を風靡した山東京伝のつくった謎絵入り引札《ひきふだ》は、遊び心に満ちた広告である。自分が経営する店で新しい紙煙草入れを売り出す告知広告だが、表現が凝りに凝っている。

最初の三行は、「当冬、新形御烟草入品々、売出し申候」とごくふつうの言葉が記されており、次の行からが謎絵になる。四行目は「乍憚（はばかりながら）口上」と読む。上の絵は錠前、下の絵は香炉であるが、左側に返り点があり、下から上へ「香錠」＝口上となる。五行目は、「まずもって（手）、おの（斧）おの様、ます（升）ます、ご（碁盤）」となる。六行目「機嫌（鬼が剣を持っているから鬼剣）よく、ござ（茣蓙）あそばされ珍重（提灯が逆さになっているからちんちょう）にご存じ」となる。このようにして謎絵を読み解いてゆく趣向だ。なんの変哲もないコマーシャルメッセージを絵による謎かけで興味をそそる。

「引札」は今でいうチラシで、十八世紀初めごろ江戸で商店の広告手段として始まり、当時の戯作者（絵入り通俗物語作家）がしばしば文章を書くようになった。山東京伝、式亭三馬などが特に名高いが、人気噺家も引札の文章を書いた。トンチのある文はいつの世も客を惹きつける。それにしても江戸の頃は客もお店も笑いを大事にした。

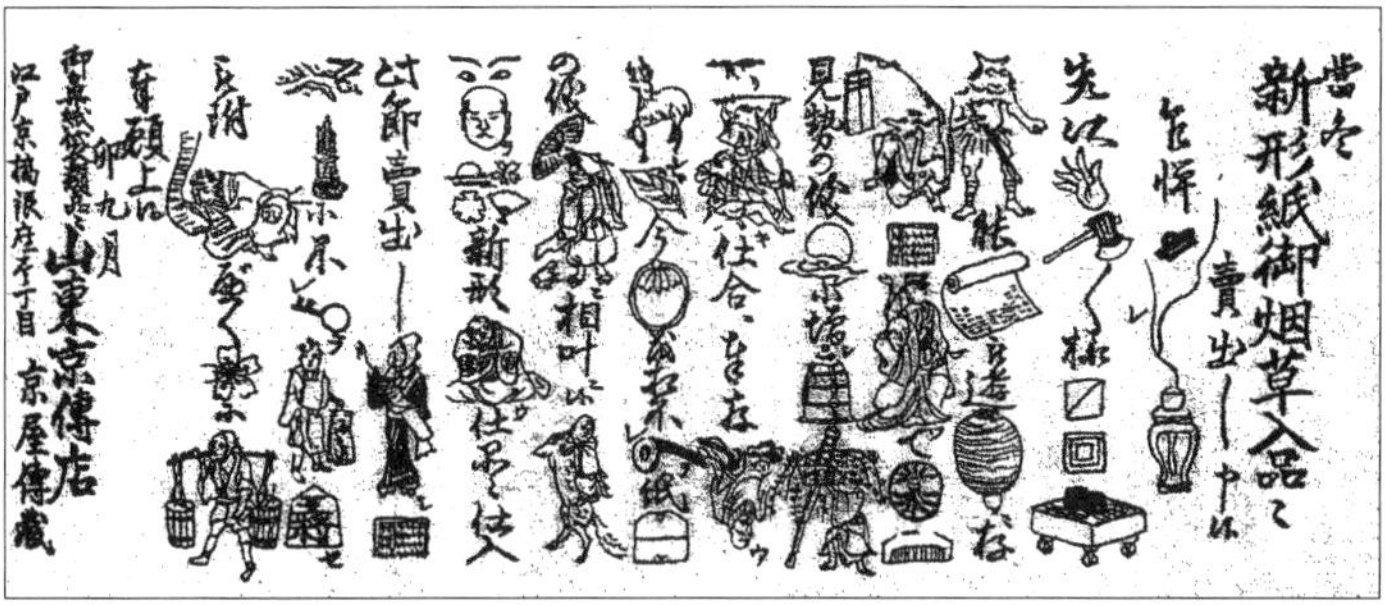
当冬
新形紙御烟草入品々
売出し
卯九月
山東京傳店
江戸京橋銀座壱丁目　京屋傳蔵

その9　立山酒造「清酒銀嶺立山」

広告表現実験の楽しさ

1997（平成9）年4月5、6日の2日間新聞に掲載された清酒「銀嶺立山」は、読者を迷路に引きずりこむ奇妙で難解な広告である。わかりやすく簡潔にメッセージをつたえる広告の常識を無視した大胆で挑戦的な表現だ。

5日の広告の道具立ては、全10段のスペースに2つの発音記号と「いいえ」という文字、そして、満月の下で若い女性が焚き火に向かって何かを祈っているビジュアルだけが配置されている。ミステリアスでクールな空間だ。清酒のもつ既存のイメージとかけはなれた洋酒（それもテキーラやウオッカのような土俗的なにおいの強い）の雰囲気が伝わる。

6日の見開き30段の大スペースは、前日の情景をそのまま継続し、満月のほか何も見えない抽象化された場所に若い女性が一点を見つめて立ちすくんでいる。傾斜した画面が不安な気分を強調している。全30段の左上方にポジが、右下方にネガが大きな空間を占め非日常な世界をつくる。四行の詩的なコピーは発音記号とつながり、清酒立山がつくりだす陶酔を表現していると読み取れる。

これらの表現は、日本的な風土、情感とともにある清酒ではなく、多様な文化、文明を享受する現代人の新しい清酒イメージをアピールしているのであろう。

この2つの広告は謎をもつティーザー広告の一種とも言え、情報性、論理性、日常性などをベースにする多くの新聞広告へのアンチテーゼを提出しているとも言える。ディスコミュニケーションの魅力があり、読者の自由な見方ができる許容範囲の広さに、広告表現の実験の楽しさがある。

第二部

アイデアに満ち、企画性豊かな広告

その10　平凡社「懸賞模擬総選挙」

雑誌創刊をアピールする構想力と勇気ある企画

1928（昭和3）年9月25日の「懸賞模擬総選挙」は、雑誌「平凡」創刊を強烈にアピールする大胆な広告だ。この年2月20日、普通選挙法による初の衆議院議員選挙が行われたが、有権者は満二十五歳以上の男性に限られ、治安維持法による思想弾圧の下での選挙だった。「国が興るも興らぬも一に適材が適処にあるか否かによる。普選は実施せられたが果して適当なる人物が議会に送られたか。帝都市会の醜悪、政局の不安定、政党の利己的離合、今や国民は新人物の出現による正しき政治の実現を望んで止まない。」コピーは実施された普通選挙を厳しく批判し、平凡社自ら模擬総選挙を行い、全国各地の理想的人物を選ぶことを呼び掛けている。選挙区並びに定員数は現行衆議院議員選挙法の通りとし、投票者の資格は男女平等満十八歳以上。被選挙者の資格はその選挙区出身の人で満二十歳以上の男子及び女子。こちらは男女同権である。投票用紙は官製葉書に限り、各選挙区毎に最高点より順次定員数までを当選者と定める。

広告は、「投票せよ！この人ならば我等の代表者として帝国議会に送るに足ると思はるる理想的人物一人を貴君の選挙区から御選出下さい！　参加せよ！」と記す。当選者に投票した人の中から抽選で、一等・自動車（一名）、二等・金時計（十名）など豪華賞品が贈呈される。10

月3日発売の「平凡」創刊号に注目を集める衝撃力の強い企画だ。国の制度を批判するだけでなく、一出版社が自ら行動する勇気と構想力・実行力に驚く。

その11 DHC「大正浪漫編」

アンニュイな世界の映像化

1998（平成10）年に放映された化粧品・健康食品の製造・販売会社DHCのテレビCM「大正浪漫編」は、竹久夢二の絵「黒船屋」を映像化したノスタルジックで艶美な広告だ。同社のキャラクターとして以前から起用されている美輪明宏が黒船屋の登場人物に扮する。

このCMの面白さは、人口に膾炙《かいしゃ》した日本の絵画をモチーフに、動く絵にしてみせたところだ。美輪明宏のもつ雰囲気、演技力、メーキャップ、衣装が見事に竹久夢二の世界を再現している。

「黒船屋」は近代絵画の中ではよく知られた作品であり、かりに作者名、作品名は知らなくても「どこかで見たような」記憶を持つ人は多いだろう。そのような文化的残像をベースにした表現は、短い秒数で勝負するテレビCMで効果を発揮する。

このCMは、もとの絵画に違った意味や見方を付与しようとするパロディーではない。竹久夢二の画《え》の持つ情感豊かなムードを援用しつつ、自社の商品イメージ醸成を行っている。黒猫を膝に抱き放心したような、けだるい女性の姿は、「元気はつらつで健康的な」女性が笑いかける常とう的な化粧品広告とは異質の、アンニュイに満ちたゆるやかな時間が流れる。

世紀末を迎えたこの年は、20世紀を回顧する出版が相次ぎ、「日本列島総不況」「老人力」「冷めたピザ」などが流行語となった。また、半額ハンバーガーや発泡酒、100円ショップなど低価格志向も強まった。DHCのCM「大正浪漫編」は、この時代の大衆の心情を名画に置き換えて表現しているともいえる。

その12

ラクトー「空中マラソン競走」

伝書鳩の飛翔時間を予想

1922（大正11）年9月3日のラクトー（カルピス製造元）の「空中マラソン競走」は、話題性のある企画だ。9月10日午前9時、富士山から日比谷公園まで伝書鳩を飛ばし、その飛翔時間の予想を募集する広告である。「破天荒な懸賞　何分何秒で到着するか　強風曇天でも決行　雨天順延」と広告は記している。

伝書鳩は当時、通信社の重要な通信手段だった。「参考」として、「伝書鳩はふつう1分間に1キロメートル（九町十間）を飛翔します。しかし順風の時には2割方速く、逆風の時には2割方遅くなります。富士山上から日比谷公園までは約98キロメートルあります」と、データを載せている。

応募規定は、用紙はハガキ、記入事項は①飛翔時間 ②この広告を見た新聞名 ③住所氏名。締め切りはマラソン競走実施前日の9月9日（同日付け消印有効）。賞は、1等カルピス1ダース（1名）、2等カルピス半ダース（2名）、3等カルピス大ビン1本（100名）。的中者もしくは近似の時間を予想した人にプレゼントされる。そして応募ハガキの宛名は、「必ず次の通り一字も落とさずご記入の事」とあり、「東京市外下渋谷　滋強飲料カルピス製造元　ラクトー株式会社」と記されている。広告の狙いがこの文字を読者に書かせることにあるのであろう。

この企画は「空中マラソン競走」というネーミングが面白く、伝書鳩のマラソンという着想がユニークだ。１９２２年は、11月にアインシュタインが来日し、日本中が大歓迎した年であった。不景気の世の中で、人々は明るい話題を求めていたのかもしれない。

その13

四社連合広告「世界一周航空競争懸賞広告」

新時代の到来を告げる話題

1931（昭和6）年5月23日の四社連合「世界一周航空競争懸賞」は、新時代の到来を告げる話題性に満ちた朝日新聞社主催の企画だ。「東回りと西回りの両選手はどの訪問都市で、または何処と何処との間で出会うか」が、懸賞の課題となっている。東回り（大阪朝日・新宮寿天丸記者）はアメリカ経由の世界一周、西回り（東京朝日・福馬謙造記者）はシベリヤ経由の世界一周である。必ず定期航空を利用し、太平洋と大西洋は船、大連―イルクーツク間は汽車による、と規定が設けられている。

27年5月にリンドバーグの大西洋横断無着陸飛行が行われていたが、太平洋・大西洋横断飛行はまだ〝冒険〟の領域だった。この年の3月、東京航空輸送社は初めてエア・ガール（スチュアーデス）を3名採用し、8月羽田に国際飛行場が開場した。同じ8月にはリンドバーグ夫妻が北太平洋横断飛行を行い霞ヶ浦にやってきた。一般人には高嶺の花だったが飛行機は最新の交通手段として人々に意識され始めており、「世界一周航空競争」はきわめて興味をそそる対象だった。

ハガキで回答すると、正解者の中から抽選で一等・蓄音機（一名）、二等・ベスト型写真機（二名）などが当たる。蓄音機も写真機も最先端の憧れの品だ。

正解は「ロンドン」だった。両記者はロンドンで出会うと握手してすぐ次の訪問地へ急いだ。西回りの福馬記者が31日6時間6分、東回りの新宮記者が36日余を要し、福馬選手の勝ちとなったという。広告は時代の夢を見つけ出すのが役割であり、「世界一周」はまさしく地球を一つに感じさせるキーワードとなった。

その14
角川書店「人間の証明」

書籍と映画 同時に訴求

1977（昭和52）年9月20日の角川書店・角川春樹事務所「人間の証明」の広告は、それまでの常識を破り、書籍と映画を同時並列させ一つのパッケージにした刺激的なものだ。「読んでから見るか　見てから読むか」というキャッチフレーズは、読者に本を読むだけでは終わらせない、観客に映画を観るだけでは終わらせない、次なる行動をうながす。書籍広告のビジュアルな訴求を映画が担い、映画広告の背景の深みを森村誠一の書籍が支えている。華やかで迫力のある表現だ。

まず本を読みその後に映画を観るのがふつうの順序だが、この広告は逆もあると教える。その方がとっつきやすく面白く読めるという考え方もあるだろう。映画では語りきれない細部や心理、ストーリーの拡がりが本で理解できるという算段だ。角川書店・角川春樹事務所は書籍広告と映画広告のあり方への挑戦を行っている。従来の枠を取り外し自由で広がりのある方法を試みている。

「人間の証明」は、「犬神家の人々」に次ぐ角川映画の第二弾作品である。6億円の映画製作費を超える11億円の宣伝費を投じたといわれる。書籍と映画の相乗効果を狙った意欲的な戦略だ。

１９７７年は、日本赤軍による日航ハイジャック事件があり、円高不況による倒産が相次いだ。一方、テレビの大型スペシャル番組の登場などの新傾向、王選手のホームラン世界新記録などでのプロ野球人気の上昇はじめ、気分を上向きにする変化も生まれていた。「○○の証明」は、この年の流行語となった。

その15　八社連合広告「商店商品批判デー」

広告の役割を問いかける

1927（昭和2）年1月31日の連合広告「商店商品批判デー」は、広告の役割を読者に問いかけている。

「新聞の広告は当てにならぬといはれた時代は既に過去のことであって」と始まるコピーは、大部分の商品が広告によって生産者から消費者の手に渡る現状を説明し、「これは新聞広告が真実を語るものとなってきた結果であり」「他の半面から見れば読者は広告されている商品・商店に改善の注文を言う権利がある」と記す。

この企画は、読者が広告主八社の商品に対する「改善すべき項目・注文」をハガキに書いて送ると、その中からすぐれたものが選ばれ賞が贈呈されるという、読者参加型の仕掛けである。広告はいかがわしいもの、正しくないもの、という先入観を持つ人は当時まだ多かったため、広告の送り手と受け手の間の溝を埋めようとする東京朝日新聞の企画は、タイムリーだった。

朝日新聞が行司役をつとめ、投書内容を愛読者・愛用者の要求として広告主に通知。さらに、広告商品ごとに一通ずつ最も優れている「批判」を入賞として選定する。入賞者には、新聞社から「商店商品批判賞」として抽選で3名に銀側懐中時計が贈られ、その他全員へ特製銀メタルが贈呈される。

「銀側懐中時計」には昭和初期が感じられる。昭和のスタートは、金融恐慌が起こり、中国との関係も緊張を増し、内憂外患の深まる灰色の時代だった。「商店商品批判デー」の広告に、そのときの社会の厳しさが伺われる。

その16

東映「無名の超大作。」

意欲的な映画宣伝

１９７７（昭和52）年12月31日、東映は新作映画の日本語タイトルを一般公募するユニークな広告を出し、「無名の超大作。この映画の日本語タイトルをつけてください。賞金総額５００万円。」と呼びかけた。正月休みに家族で頭をひねってもらう仕掛けだ。広告は、「日本初の本格宇宙映画」と謳い、「アメリカ製の２本のＳＦ大作と合わせて、この映画が公開される１９７８年を宇宙元年と呼びたい」と宇宙ＳＦ研究家のコメントを載せている。

１９７８年は「スター・ウォーズ」「未知との遭遇」が世界中の話題となり、ＳＦ映画ブームとなった。広告には新作映画のあらすじと、「ＭＥＳＳＡＧＥ　ＦＲＯＭ　ＳＰＡＣＥ」という原題が記されている。原案・石森章太郎、監督・深作欣二で、ゴールデンウイーク公開をめざして製作中の大作だ。

応募規定は、「官製ハガキに日本語タイトルを書いて送る」方法で、タイトル採用者１名に賞金１００万円、また傑作タイトル応募者の中から抽せんで10名に各10万円、その他の賞品も用意された。

２月17日の新聞に、「無名のＳＦ超大作　待望のタイトル決定！」というキャッチコピーで「宇宙からのメッセージ」と日本語タイトルが大きな文字で発表されている。このタイトルを応募した人は３００通を超えたという。抽せんで１名に１００万円が贈呈され５名に10万円が贈られた。また「流星伝」「ジルーシアの白い花」「リアベの戦士」「エメラリーダの星」「銀河大戦」などの傑作タイトルを応募した人に各10万円が贈られた。ＳＦ映画という新しいジャンルをアピールするにふさわしい意欲的な映画宣伝の奇手だ。

その17 連合広告「朝日いろは歌留多」

正月遊びを応用した趣向

1922（大正11）年1月15日の「朝日いろは歌留多」は、正月遊びをそのまま広告に応用している。「かるた」の形にあてはめることでストレートなセールストークが楽しい気分で読める。

コピーがなんとも巧みだ。「坊ちゃん‼ 嬢ちゃん‼ 歌留多、すご六、家族合せとお正月のお遊びのすんだ時にこういう面白い奇抜なかるたを考案しましたから裏張りをして切り取って下さい。そしてお父さんやお母さんに読んで頂いて楽しくお遊び下さい。賢い坊ちゃんや嬢ちゃんはよくこれを覚えてお父さんやお母さんが買い物をなさいます時に品物や店名を教えて上げて下さい」。子供に訴求して、父母を動かそうとしている。

かるたの読み札は、「イの一番に猪飼の胃酸」「ロんより証拠　効能で売れる七ふく酔いぐすり」「ハりもよしくせ毛も直すカクタのびんつけ」「ニほんで名題のワニ印カタン糸」……などとごくわかりやすい言葉が記されている。

広告をかるたにして遊ばせる趣向はまさに正月らしい。現代でも正月には家族でかるた取りをする。古くからの遊びこそ一ひねりすれば斬新なツールになり得る。クリエーターの腕の見せ所だ。

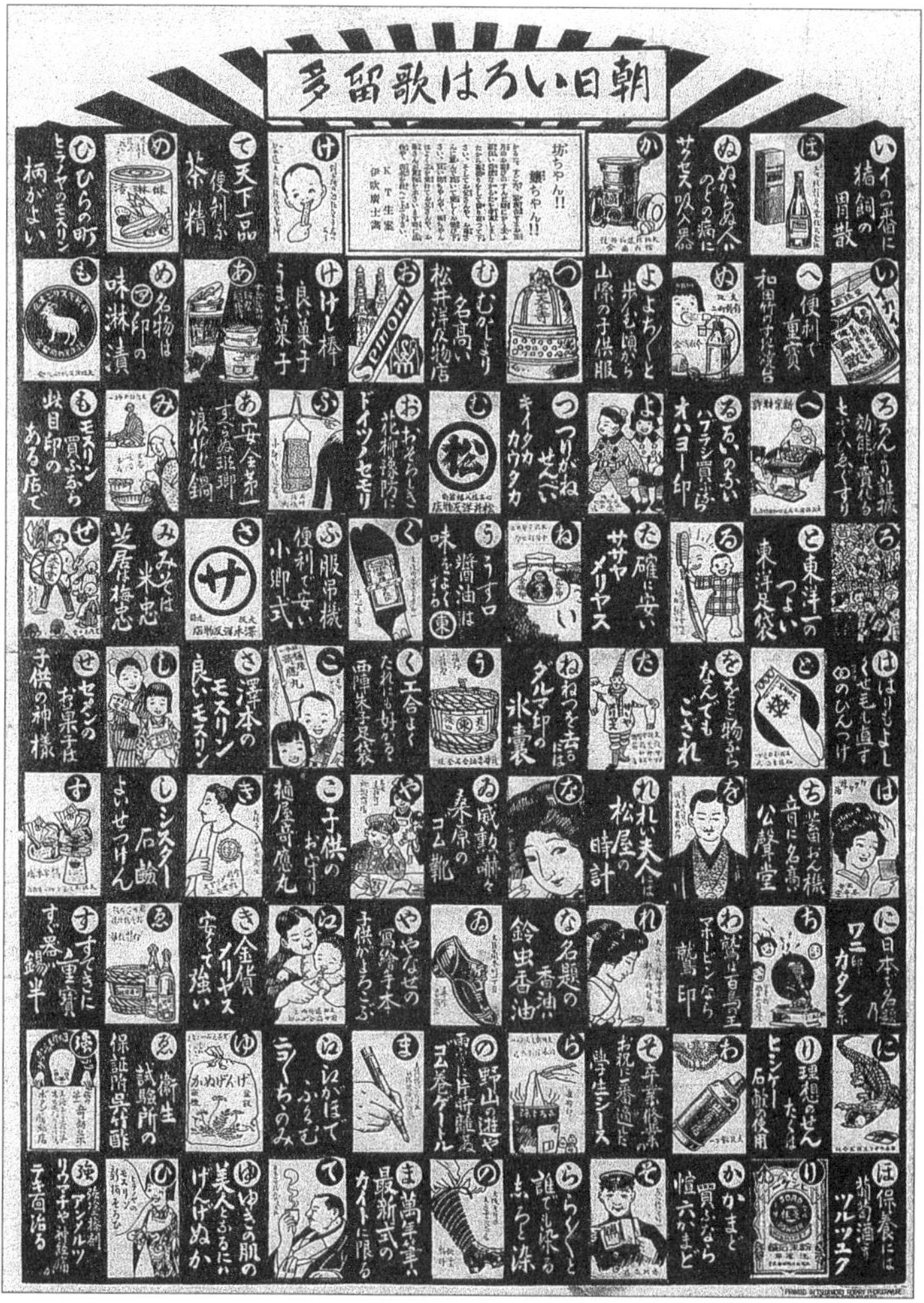
朝日いろは歌留多
坊ちゃん!!
嬢ちゃん!!
イの一番に 猪飼の胃散
天下一品 便利な茶精
ひらの町 ヒラノヤのモスリン 柄がよい
よちよちと歩む頃から 山際の子供服
むかしより名高い 松井洋品物店
けし棒 良い菓子 うまい菓子
名物は ア印の 味淋漬
東洋一の つよい 東洋足袋
確に安い ササヤメリヤス
うす口醤油は 味をよくする
服吊機 便利で安い 小卿式
みそでは 米忠 芝居は梅忠
ねねつを去るには ダルマ印の氷嚢
はりもよし くせ毛も直す ゆのびんつけ
せんの お菓子は 子供の神様
れい夫人は 松屋の時計
シスター石鹸 よいせっけん
子供の お守り 樋屋奇應丸
名題の 香油 鈴虫香油
すてきに重寶 すぐ番 錫半
金貨メリヤス 安くて強い
衛生試驗所の保証附 呉竹酢
野山の遊びや ゴム巻ゲートル
保養には 葡萄酒 ツルツエク
かまど 買ふなら 愃六かまど
萬年筆 最新式の カイトーに限る
ゆきの肌の 美人となるには げんげぬか

その18 映画100年「WELCOME TO CINEMA」

エポックをメディアミックスで祝う

１９９５（平成７）年７月12日の「ＷＥＬＣＯＭＥ ＴＯ ＣＩＮＥＭＡ」は、映画１００年を記念する祝祭的広告だ。全ページ広告には、「祝辞」として芸能人・文化人たちのコメントが寄せ書き風に集められている。映画への想いが語られ読者と気持ちを共有する。「（映画を１００年分話そうよ。）」というコピーが広告の心を表現している。

タブロイド版８ページ特集「Ｐａｐｅｒ Ｔｈｅａｔｅｒ」の扉には、このようなコピーが記されている。「１８９５年12月28日、パリはカプチーヌ通りの「グラン・カフェ」で、初めて映画の有料上映会が開かれました。記念すべきこの日の観客は35人。それから映画は多くの人に愛され、今年１００回目の誕生日を迎えます」。

２ページから７ページまでは７、８月に日本で公開される12本の映画の広告と関係者のコメント、クイズ。そして最終ページには「映画がマルチメディアと合体だ。史上初、空前絶後のお楽しみシネマプロジェクト！」と映画の惹句風のヘッドコピーにつづき、テレビの特別番組、インターネットの映画情報ホームページ、パソコン通信による映画情報などを紹介している。この広告は、〝みんな映画が大好き！〟という思い入れでつくられている。そのノリが映画らしいといえよう。

1995年は、1月に阪神淡路大震災が発生し、3月にはオウム真理教による地下鉄サリン事件が起きた年だ。戦後50年のこの年、日本の安全神話が崩壊した。景気も低迷する中、広告が人々の元気を駆り立てていた。

その19　丸善「新大英百科全書」

連続広告で決断を迫る

丸善（現・丸善ジュンク堂書店）は書籍販売としては異例の12日間にわたる連続広告で読者に購入を迫った。１９１６（大正５）年7月16日の広告は、「半値発売は来る七月二十二日締切わずかに七日を余す」と呼びかける。「最早や今週限りにて英国における出版業沈滞の結果製出実費の半額を以って発行者の発売せる新大英百科全書はこれを購う能わざるに至る。」と、今が購入のチャンスだと強調する。

そしてこの百科全書があらゆる人に役立つ本であることを、医師、建築家・土木業者、法律家、商人、工場・製造所、店主などそれぞれの職業人の使い方を記している。さらに新聞読者が日々の報道を正確に理解するための資料になり、家庭の児童の教育の材料になると説得する。この本は何年にもわたり全世界に需要されるが半値で買える分は今週中限りだという。

スペース下部の横長の枠に日、曜日、締め切りまでの日数が書き込まれており、すでに広告の一回から五回までが線で消され、この日が広告の六回目で「今日申込まれよ」と白抜き文字で強調している。17日から最終日22日までのカウントダウンが読者に決断を迫る。百科全書の強烈な販売促進である。この手法は丸善得意の畳み掛ける告知スタイルで効果充分だった。

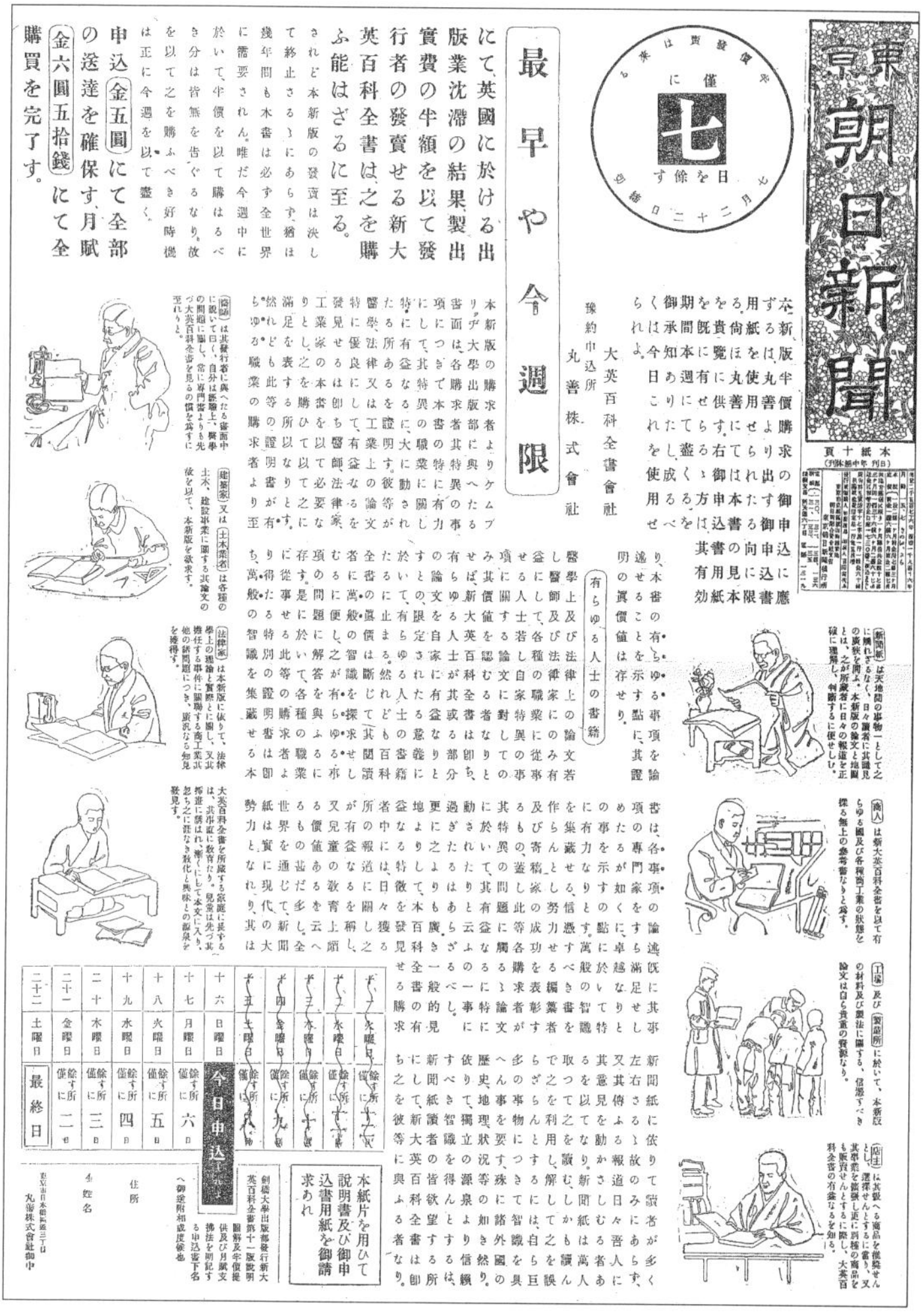

東京朝日新聞

本紙十頁

半價發賣は來る七月二十日締切

僅に七日を餘す

本新版半價購求の御申込に應ずるは丸善より出す御申込書用紙を使用せられたる向に限る。尚ほ丸善にては本書の見本を貴覽に供す。右御申込書用紙を既に有せらるゝ方は其有効期間本週にて盡くるを御承知ありたし。成るべくは今日これを使用せられよ。

大英百科全書會社

豫約申込所 丸善株式會社

最早や今週限

本新版の購求者よりケムブリッヂ大學出版部に與へたる書面は、各購求者其特異の事項につきて本書の特に有力にして、其特異の職業に關し特に有益なるに、大に動かされたる所あるを證明す。彼等が醫學、法律又は工業上の論文特に優良にして有益なるを發見せるは即ち醫師、法律家、工業家の本書を以て必要なりとし、之を購ひて以て之に滿足を表する所以なりとす。然れども此等の證明書が有•ら•ゆ•る•職業の購求者より至り、本書の有•ら•ゆ•る•事項を論述せることを示す點に、其證明の眞價値は存せり。

有らゆる人士の書籍

醫學上及び法律上の論文若し醫師及び法律家にのみ有益にして、各種の職業に從事せる人士若し自家特異の事項に關する論文に對してのみ其價値を認むる者なりとせば、新大英百科全書は即ち、有らゆる人士が其或る部分の論文を自家に有益なりとすとの限定されたる意義に於いて、有らゆる人士の書籍たるに止まる。然れども百科全書の眞價は斷じて其讀者に萬•般•の智識を探•求•せしむるに便し、之が有•ら•ゆ•る•事項の問題に解答を與ふるに存す。是に於いて、各種の職業に從事せる此等の購求者より得たる特別の證明書は即ち、萬•般•の智識を集藏せる本書は、各•事•項•の論述既に其事項の專門家をすら滿足せしめたるが如くに、卓越なりとの事を示すの點に於いて特に有力なりとす。萬般の智識を集藏せる、信憑すべき書を作らんとし勞力せる編纂者及び寄稿家の成功を表彰するもの、蓋し此等各購求者が其特異の問題に觸るゝ論文に於いて、其有益なるに特に動されたりと云ふの一事に過ぎざるはあらざるべし。更に之よりも廣き一般的見地よりして、本百科全書の有益なる特徵を發見せる購求者中には、日々獲る所の報道に關し之が有益なるを稱し、又兒童の敎育上顧る價値あるを云へるもの甚だ多し。全世界を通じて、新聞紙は實に現代の大勢力となれり、其は新聞紙に依りて讀者が多く左右さるゝ故のみにあらず、又其傳ふる報道日々吾人に其意見を動かさしむる者あるを以てなり。新聞紙は萬人取つて之を讀む、しかも讀んで之を利用し、解して之を誤らざらんとするには、自ら巨多の事物につきて智識を具へん事を要す、殊に諸外國の歷史、地理、狀況等の如き然り。依りて、獨立の源泉より信賴すべき智識を得んとするは、新聞紙讀者の皆欲望する所にして、新大英百科全書は即ち之を彼等に與ふる者なり。

にて、英國に於ける出版業沈滯の結果、製出實費の半額を以て發行者の發賣せる新大英百科全書は、之を購ふ能はざるに至る。

されど本新版の發賣は決して終止さるゝにあらず、猶ほ幾年間も本書は必ず全世界に需要されん。唯だ今週中に於いて、半價を以て購はるべき分は皆無を告ぐるなり。故を以て之を購ふべき好時機は正に今週を以て盡く。

申込金五圓にて全部の送達を確保す、月賦金六圓五拾錢にて全購買を完了す。

新聞紙 は天地間の事物一として之に觸れざるなく、日々讀者に其識見の廣狹を問ふ。本新版の論文と地圖とは、之が所藏者に日々の報道を正確に理解し、判斷するに便せしむ。

商人 は新大英百科全書を以て有らゆる國及び各種商工業の狀態を探る無上の參考書なりと爲す。

工場 及び 製造所 に於いて、本新版の材料及び製法に關する、信憑すべき論文は自ら貴重の資源なり。

店主 は其扱へる商品を推奬せんとし、選擇せんとするに當り、又其事業を擴張し更に別種の商品をも販賣せんとするに際し、大英百科全書の有益なるを知る。

醫師 は其發行者に與へたる書面中に說いて曰く、自分は經驗上、醫學の問題に關し、常に專門書よりも先づ大英百科全書を見るの慣を爲すに至れりと。

建築家 又は 土木業者 は各種の土木、建設事業に關する其論文の故を以て、本新版を欲求す。

法律家 は本新版に依りて、法律學上の理論と實際とに關し、又其擔任する事件に關聯する商工業其他の諸問題につき、廣汎なる知見を獲得す。

大英百科全書を所藏する家庭に長ずるは、其非直に敎育たり。兒童は先づ其挿畫に誘はれ、漸くにして本文に入り、忽ち之に涯なき敎化と興味との源泉を發見す。

十一	十二	十三	十四	十五	十六	十七	十八	十九	二十	二十一	二十二
火曜日	水曜日	木曜日	金曜日	土曜日	日曜日	月曜日	火曜日	水曜日	木曜日	金曜日	土曜日
僅に餘す所十二日	僅に餘す所十一日	僅に餘す所十日	僅に餘す所九日	僅に餘す所八日	今日申込	僅に餘す所六日	僅に餘す所五日	僅に餘す所四日	僅に餘す所三日	僅に餘す所二日	最終日

本紙片を用ひて說明書及び御申込書用紙を御請求あれ

劍橋大學出版部發行新大英百科全書第十一版說明圖解及半價提供及び月賦支拂法を明記する申込書下名へ御送附相成度候也

住所

姓名

東京市日本橋區通三丁目 丸善株式會社御中

その20

津村順天堂「中将湯の広告小説」

1897（明治30）年7月27日、津村順天堂（現・ツムラ）の広告「不思議の土産」は、新聞小説の体裁で商品の効能を説明する巧みな構成だ。タイトル、挿絵、文章、レイアウトすべて新聞小説風に仕立てあげられている。

当時、中将湯の広告は話題性のある趣向をいつも凝らしており、中でもこの広告小説は斬新なアイデアとして評判になった。「前は洋々たる海に望み、後はうっそうたる森山を負い、炎天なお暑さを知らざる、いとも涼しげなる大広間にしとやかに座りて、はるかに行きかう白帆を打ち眺め、小間使いの腰元とともに、その風景を賞し涼を喜びて余念なき二十四五の貴婦人あり」とはじまる文章の導入部分十数行はまったく小説を読むようだ。

読者が話に引き込まれてゆくと、二人の女性の会話は「中将湯」の効能にスムーズに誘導してゆく。後半はほとんどコマーシャルメッセージだが、会話の形で抵抗なく薬の購入方法や料金まで知らせてしまう。この広告と同じ紙面には、尾崎紅葉の「多情多恨」の箱入り美本、イギリスタバコ「スリーカッスル」、「外国語学雑誌」などの広告が掲載されている。

明治30年は、ハイカラという言葉に対し「バンカラ」の言葉が使われたように新しい風潮と復古調が交錯する世相だった。中将湯の広告小説は、その時代の広告表現の新しい試みだった。

廣告
不思議《ふしぎ》の土産《みやげ》
第一回 （婦人の心得）
順天堂支店
津村順天堂
第三號
口給
記事
定價
産科
婦人科
診療
水原産科婦人科病院
外國語學
第壹號 再版出來
發兌元
東京日本橋區本町
世に高評を博せし英語獨
井上勤先生譯
發行所
The "Three Castles" Cigarettes
W.D.&H.O.Wills
挿畫
揮毫
書家
渡邊省亭
武內桂舟
久保田米僊
筒井年峯
尾形月耕
三島蕉窓
寺崎廣業
右田年英
水野年方
多情
紅葉
年中無休刊
面白《おもしろ》き手仕事《てしごと》有り

その21

塩野義製薬「ペンギン鳥の歌」

時代にさきがける企画

1950(昭和25)年4月29日、塩野義製薬「ペンギン鳥の歌懸賞募集」は、民間放送誕生の翌年に行われた、時代にさきがける企画だ。日本初の民間ラジオ放送として1956年9月1日に中部日本放送、新日本放送が開局し、つづいてこの年のうちに朝日放送、ラジオ九州、ラジオ東京が開局した。

塩野義の広告は「民間放送誕生」と銘打ち、新しい広告メディアのスタートにそなえ、企業の先進性を表している。募集規定として、「題名は自由だができるだけペンギン鳥の文字をいれること」とし、「爽快な健全な、家庭で愛唱するにふさわしいもの」と注文をつけている。応募資格に制限はなく、「入賞作品は有名作曲家により作曲の上、民間放送開始第一日目に特定放送局より放送の予定」となっている。

「ペンギン鳥の歌」は10数万通の応募を集め、重園よし雄の歌詞が入賞した。(賞金三万円とシオノギ副賞)。平岡照章の作曲によりレコード化され民放開始とともに電波にのり、「ペンギン ペンギンかわいいな」というフレーズは多くの人々に愛唱された。関西広告界のアイデアマンとして知られた塩野義製薬宣伝課長・市橋立彦(のちにグレイ大広社長)の立てたこの企画は、時代の流れをいち早く摑み新しくスタートする民間放送の門出を飾ったり、ペンギンをシンボ

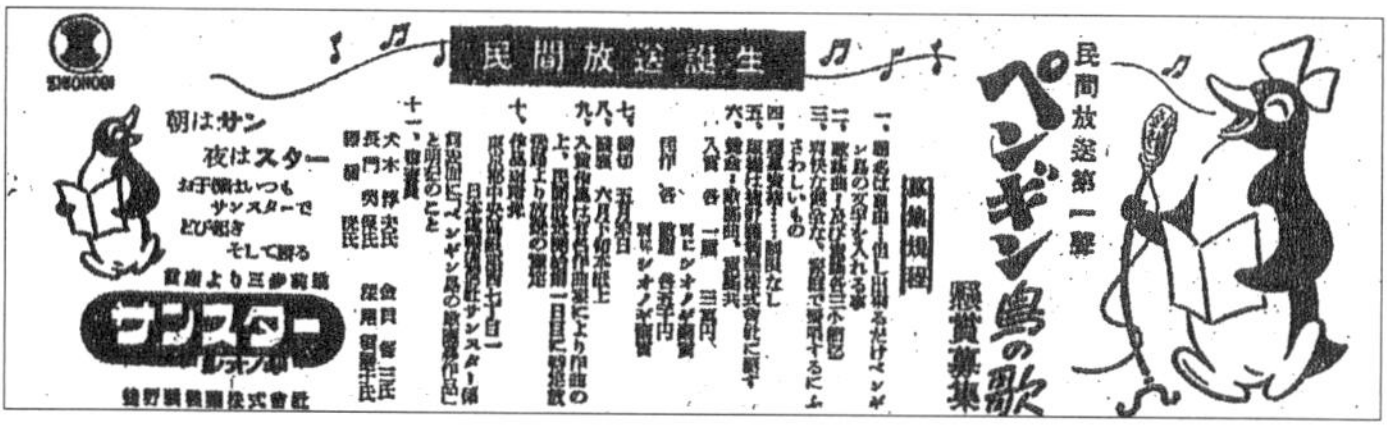

ルマークにする斬新な手法とあいまって話題を呼んだ。

「ペンギン鳥の歌」は、NHKラジオで5回も放送されたという。これも市橋立彦氏の辣腕を示すエピソードとして語り継がれている。

その22

講談社 婦人倶楽部「大付録・金色夜叉」

1935（昭和10）年3月13日、婦人倶楽部の広告は一見「金色夜叉」の発売広告かと錯覚する。真ん中に大きく斜めに「金色夜叉」の文字が浮び上がり、スペースのほとんど全てがこの小説の説明で終始している。数えてみるとなんと16回も「金色夜叉」という文字が広告に使われている。肝心の「婦人倶楽部」の文字は三箇所しかでてこない。「金色夜叉」は1897（明治30）年から6年間にわたって新聞に連載された尾崎紅葉の話題作で、すでに三十年以上前の小説だが、それまでに11回も映画化され、新派などの芝居になり流行歌にも歌われてきた。婦女子の紅涙を絞った不朽の名作を婦人倶楽部の付録につけるアイデアは、見事な着眼だ。

婦人雑誌の付録競争は、1931（昭和6）年新年号からだといわれている。新年号の付録がそのままその後の号にも付けられるようになり、どの婦人誌も3～5種類の付録をつけるようになった。付録の魅力の勝負になったのである。

女性の日常生活に役立つ内容で各誌とも大同小異だったが、その中でこの「金色夜叉」は、まったく違う視点から発想されている。誰でも貫一お宮の名前や熱海の海岸の名場面は知っているが、原作を最後まで読んだ人はあまりいない。そんな小説をこの機会に読ませるのは意義深い。しかも付録とはいえ四六判四三八ページで鏑木清方装丁・口絵、山川秀峰挿画の堂々たる美本だ。いかにも講談社らしい思い切ったサービス精神たっぷりの企画である。

婦人倶樂部 四月號の讀者へ贈呈の大附錄
金色夜叉
日本で一番面白い小説『金色夜叉』
尾崎紅葉先生
小栗風葉先生
両文豪の長篇金色夜叉は燦として再び昭和の文壇に輝く
急告!! 大附錄『金色夜叉』早くも大評判
十五日發賣大急ぎ書店へ御注文下さい
菊池寛先生曰く——
鏑木清方先生
山川秀峰先生
四六判 四三八頁の美本
お母様方へ・お嬢さま方へ
金色夜叉は不朽の文藝作品であると同時に又青春男女は勿論親も子も一度は讀むべき立派な最高の小説です
わたしが死んだら金色夜叉をお墓へ——
大日本雄辯會講談社

その23　六社連合「只野凡児君の商品めぐり」

厳しい世相でのユーモラスなマンガ広告

１９３３（昭和８）年９月21日の六社連合広告は、漫画家・麻生豊が描く人気キャラクター只野凡児君の人生勉強の６つの物語である。

「ブラジル珈琲」は、缶詰、シロップ、珈琲沸器など五つの製品をお手玉のように扱いながら売り言葉を発して凡児君が大いにはしゃいでいる。「文研薬用胚芽」は、カンカン帽をかぶった凡児君が先輩に健康の秘訣を聞いている。ステッキを持ち下駄ばきの先輩がえばって文研薬用胚芽の効用を述べている。「外用常備薬一二三《ひふみ》」は、女性の背中に薬を塗ろうとして凡児君が照れて真っ赤な顔で純情ぶりを発揮する。「ビクターレコード」は、立派な応接間で家族そろってレコードを聴いている。凡児君がかしこまってビクターレコードをＰＲしている。「下田式純肝油」は、良家の奥様と凡児君が子供の相手をしつつ肝油問答をしている。「明光社のポケット鼻病治療器」は、凡児君と友達がお互いに鼻病治療器を自分に使わせろといさかいをしている。鼻病が治ると頭脳がスッキリすることをアピールする。

人気漫画家を起用する広告は、昭和初期の流行になっていた。吹き出しの中に広告メッセージが巧みに盛り込まれ、読者はマンガを見る楽しさで広告を読む。六つの物語で凡児君は違う役回りを演じ変化をつけており、エンターテインメント性のある広告が追求されている。昭和

8年、日本は満州事変をめぐる列国の非難をあびて国連を脱退し、国際的孤児になりつつあった。「非常時」が叫ばれるようになり、危機意識が高まった。そのような世相の中でこの広告は精神的バランスをとるかのようにユーモラスに商品を紹介している。

その24　福助足袋「生ひ立ち見物」

1927（昭和2）年6月19日の福助足袋の広告は、当時人気絶頂の漫画家・岡本一平による新しい試みだ。まず岡本一平がその試みについて前説を記している。

『広告漫画について』漫画の表現力を広告に応用する事は僕の年来の主張である。その効能は今更説かない。新聞の読者諸君が興味的読み物と同価に広告欄を見出して来たならその事一つだけでも四方八方大徳用である。今回福助足袋株式会社がかなり自由な条件によってこれを試みる機会を提供したから一つやって見る。将来有為の漫画家と広告主の開拓すべき処女地の鍬入れである。もしまた芸術を広告にどうのかうのといふものあらば僕はソウカと答へる。さような議論には僕は免疫だ」。

広告を面白く読ませることで読者に娯楽を提供しつつ、それが企業のインフォメーションになっている。「若夫婦が喧嘩した」「足袋が仲裁した」「仲が直った」「なぜ直ったか」という筋立ての漫画とホームドラマのような軽快な会話の運びで、福助足袋の生産工程や品物のよさ、品質管理などを抵抗なく読ませてしまう。しかもほとんどストレートコマーシャルだ。語り口の巧みさと、漫画の力でひきつけている。漫画家を起用した広告のはしりであり、娯楽広告の実験である。

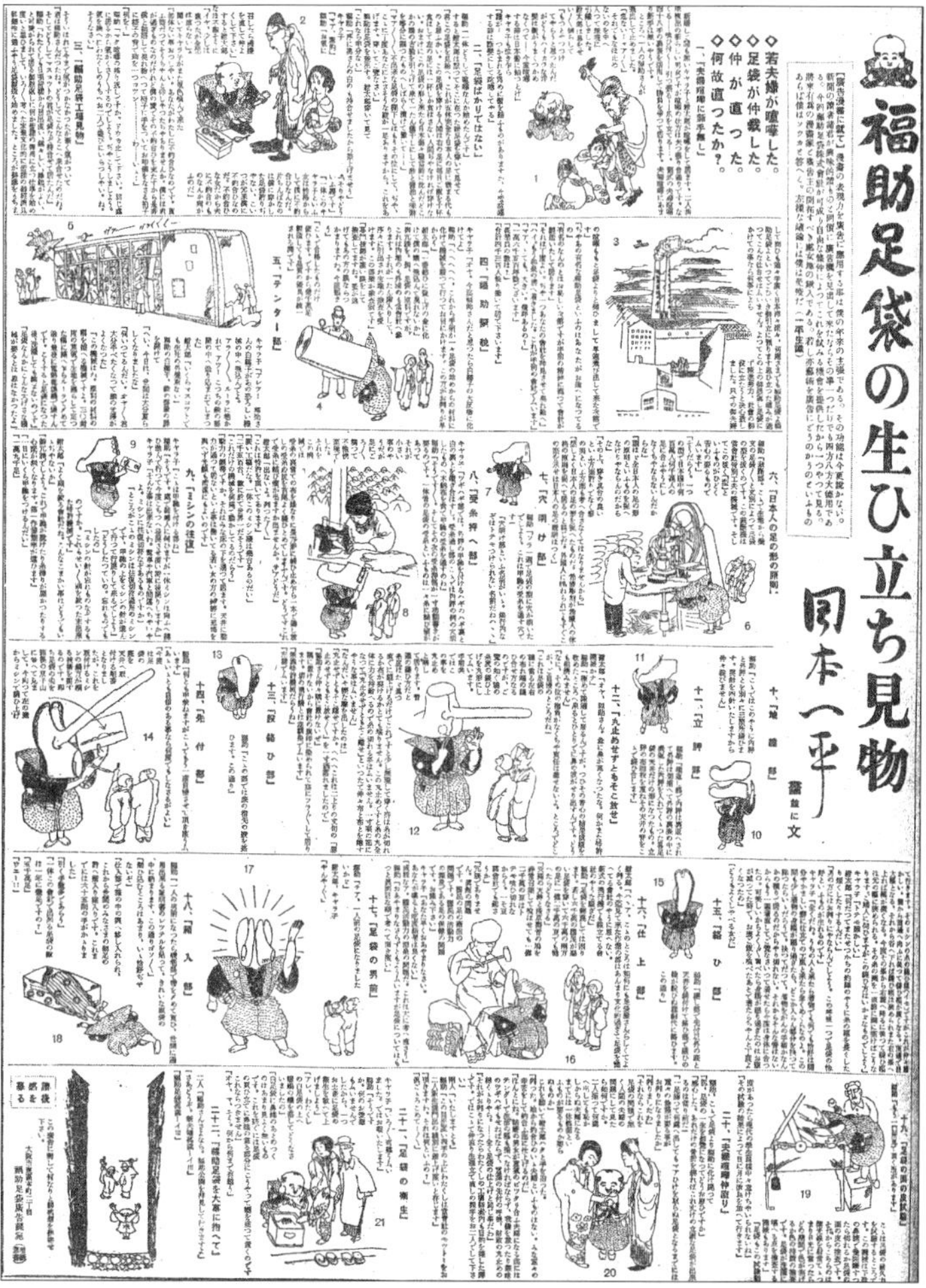

福助足袋の生ひ立ち見物

岡本一平 畫並に文

◇若夫婦が喧嘩した。
◇足袋が仲裁した。
◇仲が直つた。
◇何故直つたか？

第三部

新しい試み、実験、新機軸を知らせる広告

その25

壺屋「立食料理開業」

新時代のサービス

1890（明治23）年6月8日の壺屋の「立食料理開業」は、ファストフードのはしりだ。広告には「在来の楼室を修繕増築致し西洋風の軽便立食をしつらえ風味を撰み滋養を専一とし『立食料理ならびにアイスクレーム』開業仕り汽車の発着急ぎの際などには弊舗より新橋停車場まではわずかに3分間にて御用便なる場所に御座候間汽車ご乗客のお弁当をも即席調達仕り候」とある。

和洋菓子製造で知られていた新橋際の壺屋は、新時代の変化に対応してスピードと簡便さをもつサービスを始めたのである。日本の鉄道が新橋―横浜間に開通したのが1872年であるが、この広告の前年、1889年に東海道本線の新橋―神戸間が全線開通し、新橋はますます旅の起点として人々が忙しく行き交う場所となっていた。

1890年は、東京・丸の内一帯の10万坪余りを政府が三菱社に払い下げ、今日のビジネスセンター丸の内の歴史が始まった年だ。この年、帝国ホテル、浅草十二階（凌雲閣）が開業し、東京が近代都市としての体裁を整えはじめた。国の政治も形ができつつあり、日本ではじめて東京と横浜に電話が開通し電話交換業務を開始した。第一回衆議院議員選挙が行われ、第一回帝国議会が開会した。このような時代の中で、壺屋の「軽便立食料理ならびにアイスクレーム」

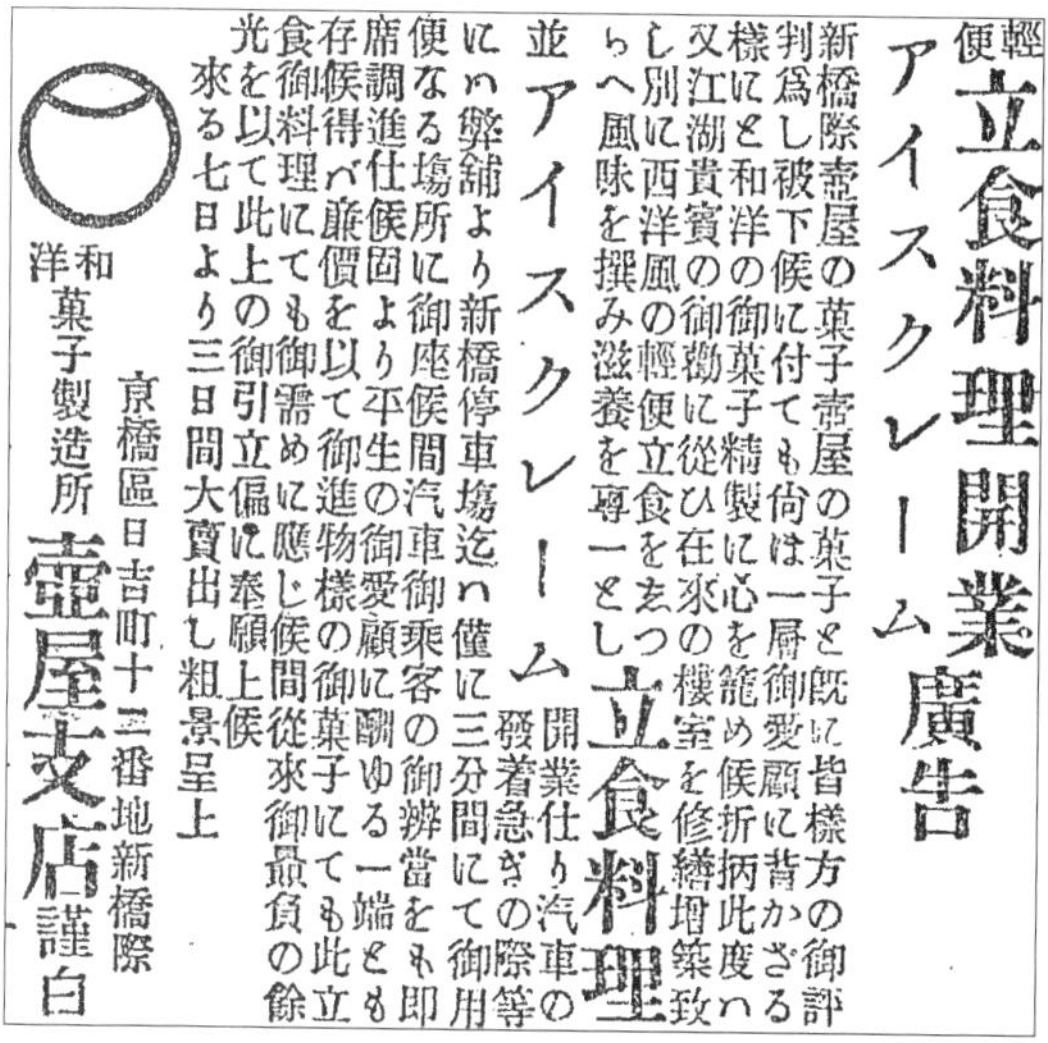

輕便立食料理開業廣告

アイスクレーム

新橋際壺屋の菓子壺屋の菓子と既に皆様方の御評判爲し被下候に付ても尚は一層御愛顧に背かざる樣にと和洋の御菓子精製に心を籠め候折柄此度れ又江湖貴賓の御勸に從ひ在來の樓室を修繕增築致し別に西洋風の輕便立食を去つら へ風味を撰み滋養を専一とし立食料理

並アイスクレーム

開業仕り汽車の發着急ぎの際等にれ弊舗より新橋停車場迄れ僅に三分間にて御用便なる場所に御座候間汽車御乘客の御辨當をも即席調進仕候固より平生の御愛顧に酬ゆる一端とも存候得ば廉價を以て御進物樣の御菓子にても此立食御料理にても御需めに應じ候間從來御最負の餘光を以て此上の御引立偏に奉願上候

來る七日より三日間大賣出し粗景呈上

京橋區日吉町十三番地新橋際

和洋菓子製造所　壺屋支店謹白

の店は、新時代を感じさせるトレンディなスポットとなったであろう。

その26 エスカレーター「ハイカラな都市装置」

ハイカラな都市装置の誕生

1914（大正3）年3月30日の広告は、今日の都市に不可欠の装置になった「エスカレーター」の日本初登場を知らせる。上野で開かれた大正博覧会の呼び物として人々を驚かせ大いに人気を集めた。広告は、「大正博覧会中の偉観!!!」とアピールし、「我国最新最初の自働階段（エスカレーター）」「実用と娯楽との並用機関」と説明している。

エスカレーターは単なる実用ではなく、乗ることが娯楽でもあった。自然にうごく階段は、それ自体がはじめての体験であり、驚異だった。「自働階段通路は一階段優に二人宛並立し左は昇右は降　・階段に立ち極めて軽く手摺に手をふれ居れば……（手摺を握ることなく自然に昇降す）第一会場（山の上）から第二会場（池の端）に至る連絡通路にエスカレーターは設置され、「自働速度は一分間六十尺、普通の歩行より寛なり」と記されている。だが、乗ってみてその怖ろしさのあまり二度とエスカレーターに乗らなくなった女性もいたという。

博覧会では、不忍池の上六十尺を往復する「遊覧空中索道・ケーブルカー」も、夜のイルミネーションも注目を集めた。エスカレーターは、この年9月早くも実用化され、日本橋に竣工した三越新館に設置され1階と2階をつないだ。この年の12月に東京駅が完成。東京は急速に近代的な装置・設備を整えていった。

大正博覧會中の偉觀!!!
●我國最新最初の自働階段《エスカレーター》●
●實用と娯樂との並用機關●
エスカレーター
●大正博覧會第一會場内(正門脇)より第二會場に至る=山の上と池の端との=連絡通路●
●自働速度は一分間六十尺、普通の歩行より寛なり●
自働階段通路は一階段優に二人宛並立し左は昇右は降
●階段に立ち極めて輕く手摺に手をふれ居れば●
……(手摺を握ることなく自然に昇降す)……

その27 高等馬車「高等貸馬車」

ハイヤーの先駆的事業

1892（明治25）年3月8日の「高等貸馬車」は、時代の変化を示す広告である。明治の文明開化とともに新しい交通・運送手段が生まれ、都市の乗り物として馬車が登場した。乗合馬車、郵便馬車、荷馬車が急速に普及し、その中で社会的地位の高い人たちの乗り物として個人用馬車が使われた。

コピーは次のように記す。「社会の文運にともないしたがって馬車の需用日に月に頻繁を相加え候については本社は各種優等馬車十有余輛を常備し置き非常の勉強と奮発とを以って最も誠実に廉価を旨とし一見ご自用の物と差異なきよう万事注意しもっぱら実用的にあまねく江湖のご需用に応じ申し候」。

経費のかかる自家用馬車を所有する人はまだ少なかった。だが必要に応じて自家用同様に使える貸馬車は需要が高まっていたと考えられる。「一見ご自用の物と差異なきよう万事注意し」というところがミソだ。

この時すでに高等馬車株式会社というビジネスが生まれている。今日のハイヤーの先駆的事業である。「馬車および付属品をも売買つかまつるべく定価表ご入用の節はハガキご恵投しだいさっそくご郵送申し上げ候」とあり、貸馬車とともに販売も行っていたことが分かる。

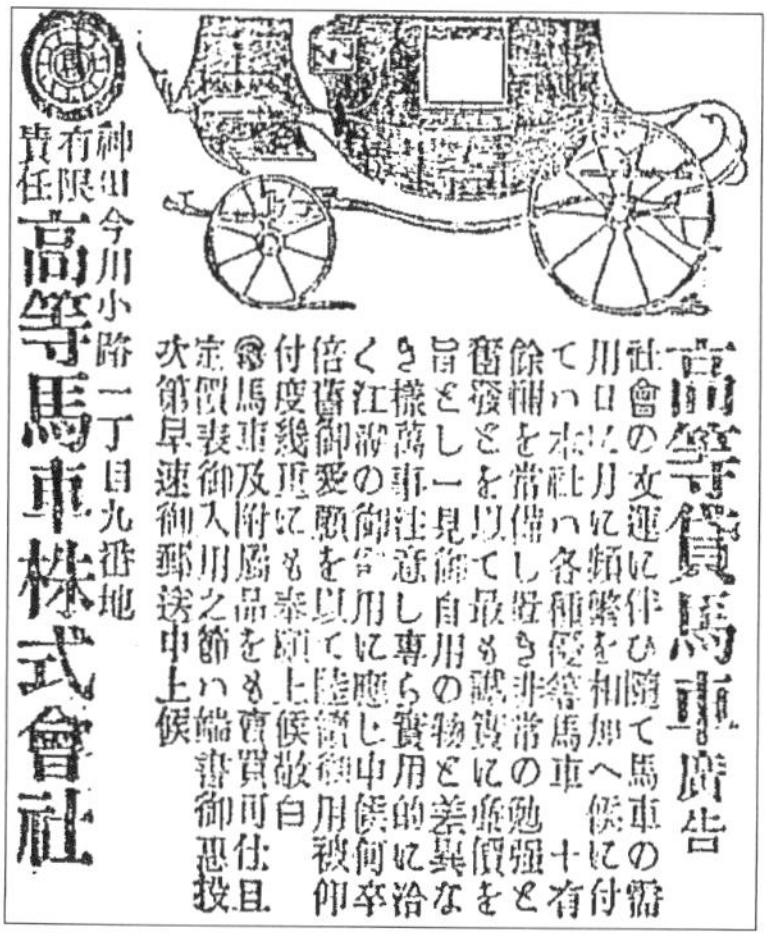

馬車によって人々の行動範囲は飛躍的に広がり、スピーディになっていた。

馬車を引き継ぐ乗り物であるガソリン自動車が日本に初めて輸入されたのは１８９８（明治31）年。国産自動車が誕生したのは１９０４（明治37）年である。

その28　三越呉服店「ファッション・ショウ」

流行の発信地としての百貨店への志向

１９２７（昭和２）年9月21日の三越呉服店（現・三越伊勢丹ホールディングス）の「ファッション・ショウ」の広告は、日本におけるはじめてのファッション・ショーの告知である。広告には『水谷八重子嬢、東日出子嬢、小林延子嬢の三女優が、当店特製にして今秋流行の魁たる「染織逸品会」の新衣装を着け、艶麗花の如き姿で、ホールの舞台に現れ、優美な舞踊を演出いたします』とある。

三越呉服店はすでにデパートメントストアの姿を整えつつあったが、ファッション・ショーという新しいイベントによって流行発信の場となった。人気女優を登場させ、新衣装をデモンストレーションする話題性のある販売促進の手法でもある。三越の六階ホールは人を集める催事を用意した。百貨店はただ品物を揃え客を待つのではなく、客を引き寄せる求心力のある装置になっていった。

１９２７年は、「モボ・モガ」（モダンボーイ、モダンガール）が流行語になり、都市の近代化とともに新しい風俗が町に現れた。小田急の新宿・小田原間が開通し、日本初の地下鉄が浅草・上野間に開通し、新宿中村屋にカレーライスが登場した。都市が広がり、町から新しい話題が生まれるようになっていた。百貨店はその中心の存在となっていったのである。

二十一日より二十三日まで（毎日午後一時より）六階ホールにて……
三越のファッション・ショウ
水谷八重子孃、東日出子孃、小林延子孃の三女優が、當店特製にして今秋流行の粹たる「染織逸品會」の新衣裳を着け、艶麗花の如き姿で、ホールの舞臺に現れ、優美な舞踊を演出致します
染織逸品會陳列會
……廿一日より廿五日まで四階西館……
珊瑚作品第五回展覧會
……廿三日より廿七日まで四階西館……
三越呉服店
東京駿河町

その29　福助足袋「座談会で」

新しい時代のモダンな表現手法

１９３１（昭和６）年2月16日、福助足袋（現・福助）の広告は「座談会」が当時流行だったことが分かる。キャッチコピーは、「座談会で」という文字が一際大きくスペースを占める。通常のレポートやエッセイよりも複数の人たちの会話で構成される座談会は、読みやすくわかりやすい新しいスタイルだった。文藝春秋・菊池寛の発明といわれる「座談会」は、この時期あたりから多くの雑誌が記事に用いブームとなった。有名人・専門家を一堂に集め自説を戦わせる方法は、形を進化させ今日のあらゆるマスコミの主要な記事・プログラムになっている。

福助足袋はこの手法をいち早く広告に使用したところが新鮮だ。広告は、座談会の一コマを引用する形をとっている。

「甲子『足袋は穿きくらべ洗いくらべると、その真価がわかります。』乙子『福助足袋なら十回ほど水を通してもピリッともしません。』」

消費者の声を借りることで客観性、説得性をつくりだす。証言広告、モニター広告のさきがけである。会話は消費者同士の自由な意見の交換であり、企業からの一方的な売り言葉とは違う色合いをもつ。

１９３１年は、日本最初の本格トーキー映画「マダムと女房」が封切られ、大船・江ノ島間に初の自動車専用道路が開通し、羽田に国際飛行場が開場した。リンドバーグ夫妻が北太平洋を横断して霞ヶ浦に飛来し、ゲーリッグ、ベーブ・ルースら人気選手を揃えたアメリカ大リーグ選抜チームが来日した。「座談会」は、そのような新しい風の吹く時代のモダンな表現手法だった。

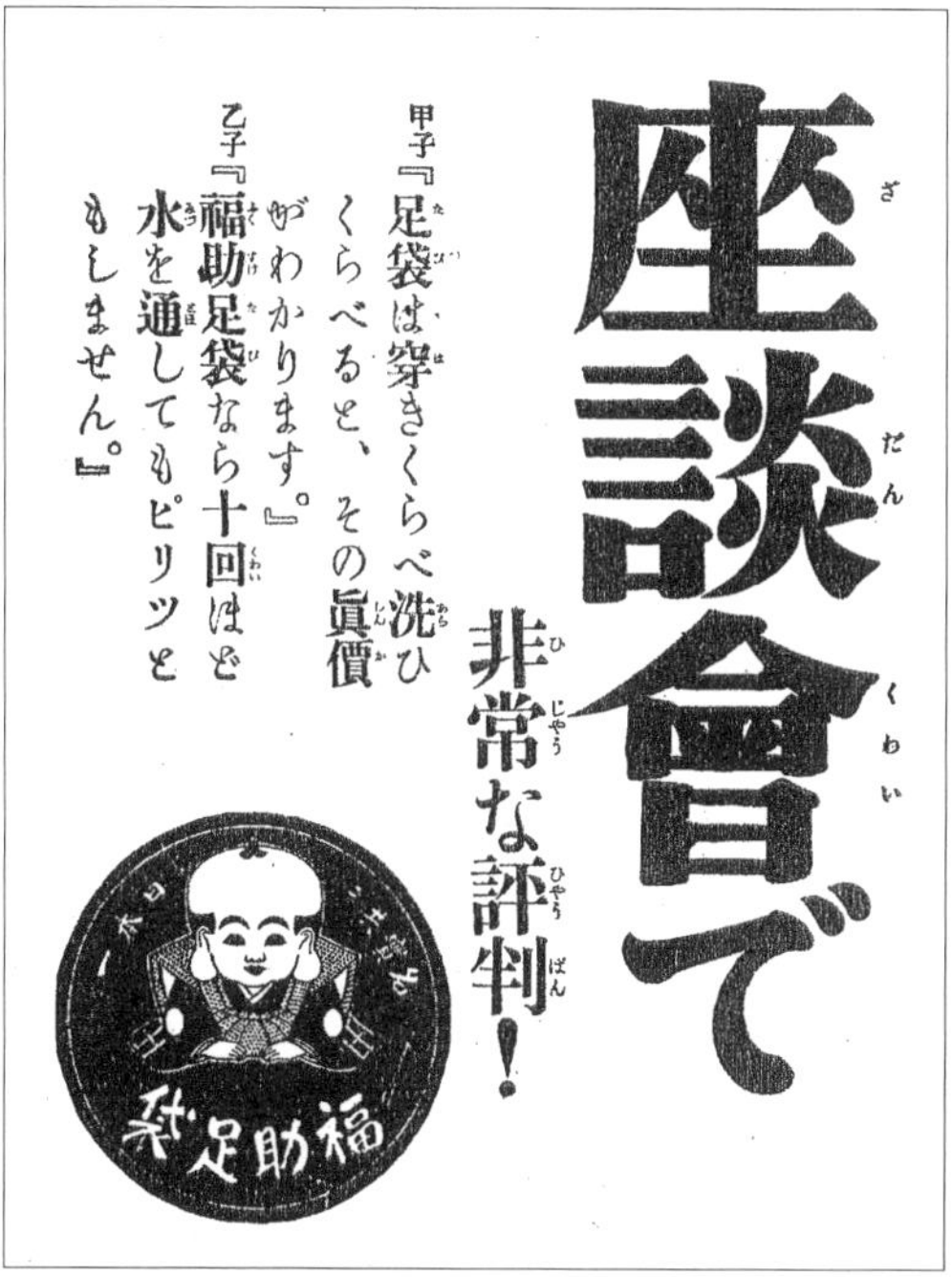
座《ざ》談《だん》會《くわい》で
非《ひ》常《じやう》な評《ひやう》判《ばん》！
甲子『足袋は穿きくらべ洗ひくらべると、その眞價がわかります。』
乙子『福助足袋なら十回ほど水を通してもピリッともしません。』
福助足袋

その30　落語広告事務所「落語広告」

大衆芸能で商品宣伝を

1891（明治24）年4月1日の「落語広告」は、落語広告事務所なる専門の仲介業が新しい広告媒体としての落語をPRしている。「今般柳、三遊両派の落語家と特約し諸所の席亭高座の上にて落語の間に諸広告を演説す」

柳、三遊両派は当時も代表的な一門である。落語家が噺《はなし》の間に広告をするのであるから、そこには面白おかしいコマーシャルメッセージが考案されたことは想像に難くない。

「新奇有益の広告御望みの諸君は御通知次第社員参上万事手軽く御相談可仕候間続々御委託の程希望仕候　落語広告事務所」

落語を商品を宣伝する新鮮で奇抜なメディアにしたのである。「万事手軽く御相談」と記してあり、広告主の注文の要点さえ聞けば、あとは自由気ままに落語家が話をふくらませ笑いのうちに商品名やら効能やらを並べ立てたに違いない。

18世紀の歌舞伎や浮世絵、浮世草子がたくみに広告を作品の中に織り込んだことはよく知られている。新しい大衆芸能は魅力ある広告媒体でもあり、寄席は手軽に利用できる広告スペースだった。

「落語広告」の掲載された同じページには、東京・京都の花見情報、京流音楽会や新築の六

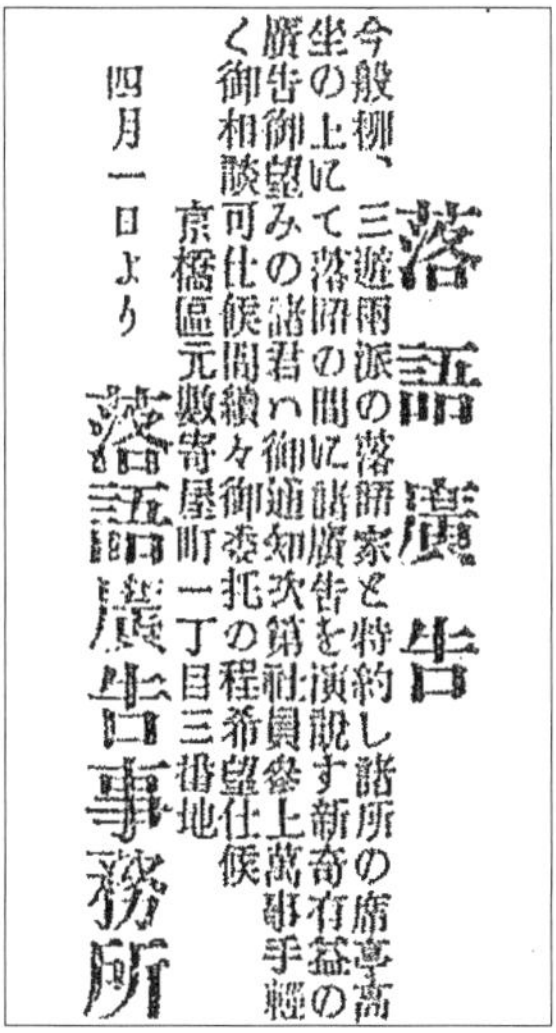

落語廣告

今般柳、三遊兩派の落語家と特約し諸所の席亭高坐の上にて落語の間に諸廣告を演説す新奇有益の廣告御望みの諸君ハ御通知次第社員参上萬事手輕く御相談可仕候間續々御委托の程希望仕候

京橋區元數寄屋町一丁目三番地

四月一日より　落語廣告事務所

層楼の催しなどが告知されている。さらに遊歩案内として、東京の潮干、桃、早蕨、鮎漁、蛙、雲雀、つみ草、彼岸桜などの見物場所を知らせている。のどかでゆとりのある世情が紙面からつたわってくるようだ。

その31

キンシ正宗「懸賞クロス・ワード」

広告効果を高める仕組み

1925（大正14）年8月23日のキンシ正宗「懸賞クロス・ワード」は、読者を参加させる新しいタイプの広告手法だ。問題を解くために読者は広告を熟読し、キンシ正宗の特色をくりかえし読むことになる。クロスワード・パズルはアメリカから日本に渡ってきた。当時の読者は夢中になって問題に取り組んだと思われる。横のカギ、縦のカギがクロスする言葉の謎解きはモダンな匂いがする。

クロス・ワードの枠は酒ビンの形に配置され、その中に「キンシ」の文字が浮かび上がる。商品特性を説明するコピーがすべて解答の文字になる抜け目のなさで、広告効果は絶大だ。賞品は1等・自転車（1台・1名）、2等・金側腕時計（1個・1名）、3等・コーヒー茶碗（1ダース・10名）、4等・盃台付盃（1対函入）、5等・絵葉書（切手貼付）（5枚・1000名）。豪華賞品の魅力で釣るよりもクロス・ワードという仕掛けの新鮮さ、面白さで読者の興味を惹きつけている。

大正13年には商業美術の始祖といわれる杉浦非水が創作図案研究団体「七人社」を創立し、大正15年には商業美術の啓蒙に力を尽くした濱田増治が代表的な図案家たちと商業美術家協会を発足させた。

斬新な広告表現の追求とともにクロス・ワードのような新しい「ギミック」（仕掛け）も広告に導入されるようになっていった。

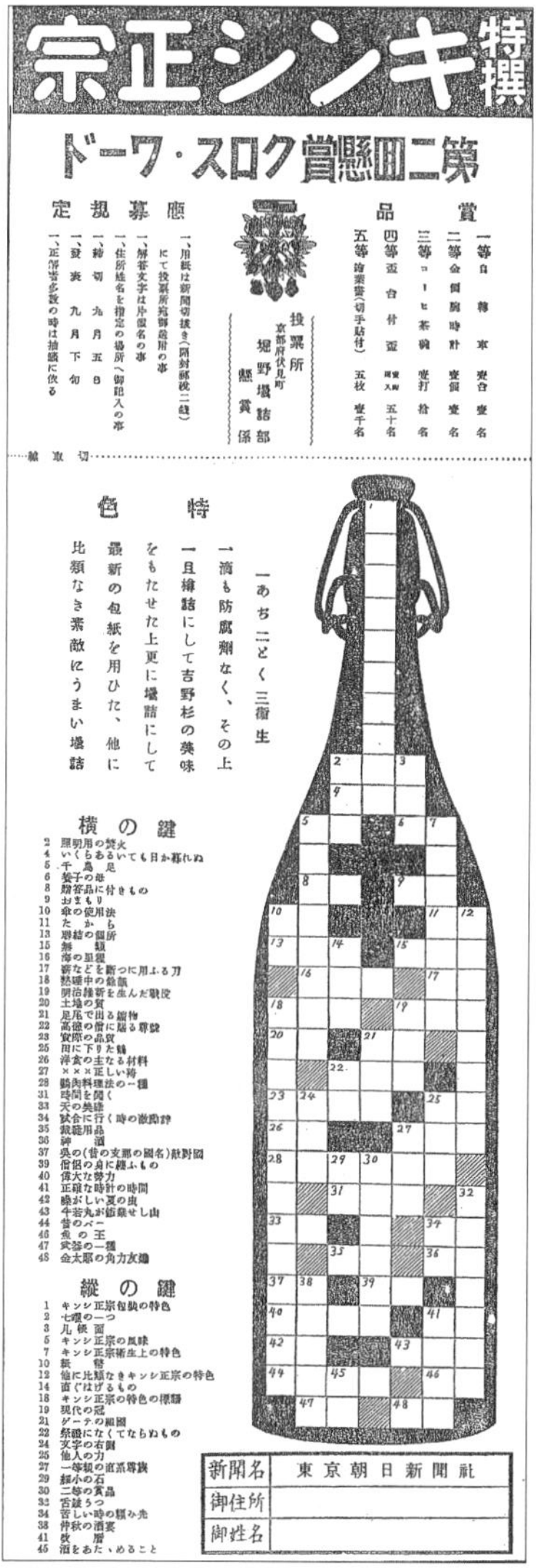

第四部

思わず笑ってしまうユーモラスな、面白く、考えさせる広告

その32　森永製菓「エンゼルは男の子？　女の子？」

438万通の応募集める

1957（昭和32）年4月～6月に行われた森永製菓「森永のエンゼルは…男の子？　それとも女の子？」クイズキャンペーンは、大きな話題になった。60日間に438万5000通という驚異的な応募数を記録。投票の多いほうを正解にするところがミソだが、キャラメル、チョコレートの外箱に答えを書いて送るため、販売に直結するキャンペーンだった。

結果、「男の子」が245万通を集めた。自社のマークに注目を集め企業への親しみを増す狙いは成功した。

この広告では、「男の子か女の子か」という他愛ない問題設定が若い人達の会話の材料となった。賞品の魅力も応募者を増やす大きな要因になった。エンゼル賞・ダットサン乗用車（4人）をはじめ、特賞・撮影映写機セットまたは白黒テレビ（10人）、一等・全音オルガン、サイクリング車、テープレコーダー、ダイヤ指輪、8ミリ撮影機（いずれか一品）（50人）などいずれも当時大衆の憧れの品がずらりと並んでいた。

なお、1962年に「不当景品類及び不当表示防止法」制定により、景品付き販売は規制を受けるようになった。現在はキャラメルを買って車が当たるようなキャンペーンはできない。

この年、有楽町にそごう百貨店、数寄屋橋ショッピングセンターが開店し、「有楽町で逢い

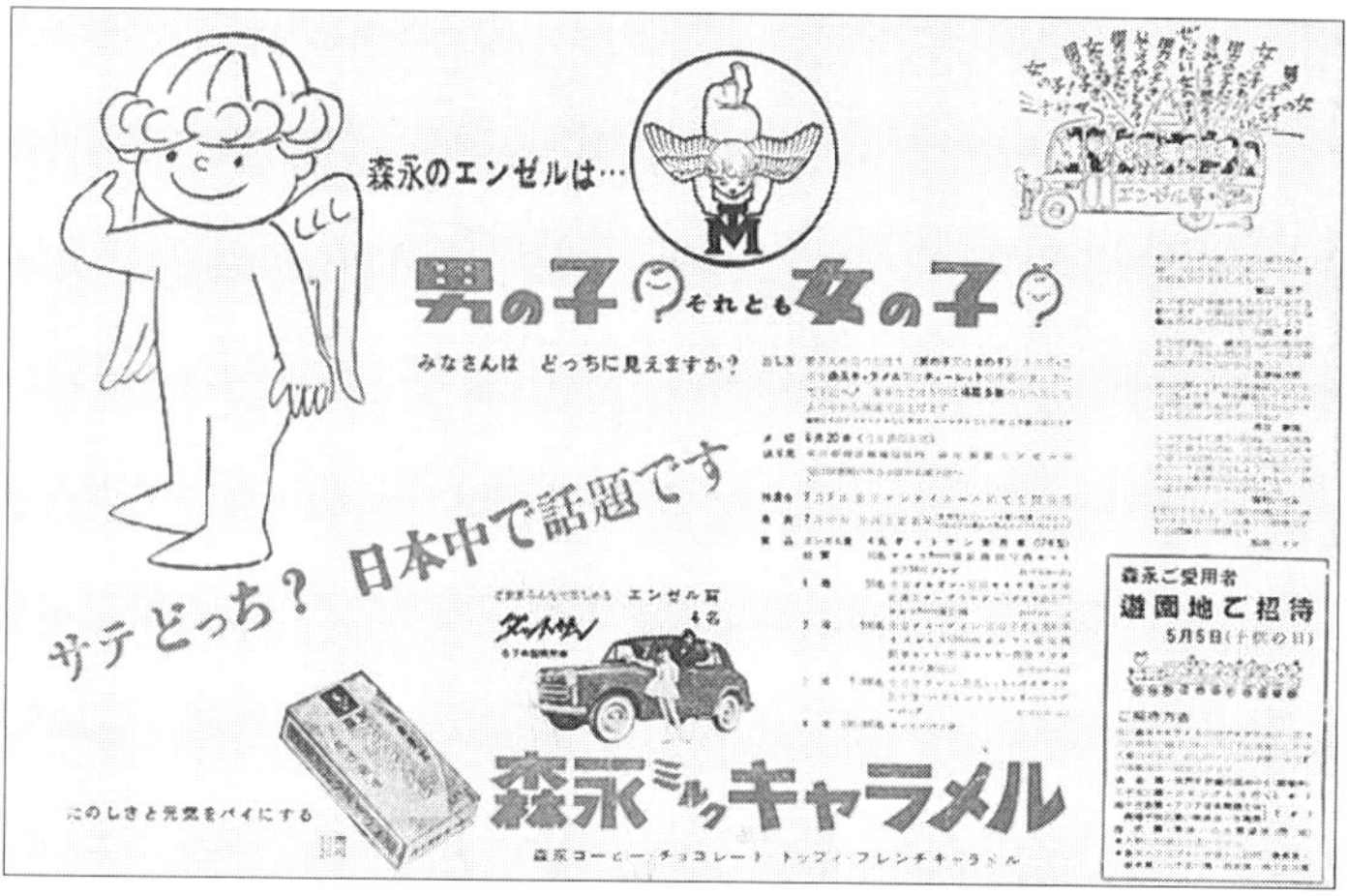

ましょう」がヒットソングになった。石原裕次郎出演映画が月１本のペースで製作され、一躍人気者となっていった。

その33 富士フイルム「それなりに」

リアリティーに新しさ

1980（昭和55）年制作の富士フイルムCM「それなりに写ります・お名前編」は、その後ながく続く「それなりシリーズ」の第一作だ。日常性と批評性をもつ画期的なCMである。写真店員・岸本加世子と客・樹木希林の掛け合いの絶妙の呼吸。真面目ではつらつとした店員を演じる岸本のフレッシュさと奇妙な雰囲気のオールドミスの客（樹木）の組み合わせがなんとも面白い。

セールスメッセージらしきものはなく、2人の芸で見せるCMだ。へんな人、いびつな人が登場することできれいごとではない現実がつくりだされる。客が「お見合い写真なものですから、とくに美しく」と注文すると、店員は「フジカラープリントでしたら、美しい人はより美しく、そうでない方は、それなりに写ります」と答える。

ふつうCMは広告主の立場から視聴者に話しかけるが、このCMは広告主と客の中間で横から物事をみている点が画期的だ。客をおちょくるシニカルな第三者的視線を貫いているのだ。日常性の中のおかしみから本音があらわれており、視聴者は笑いながら他人事ではないと感じさせられる。心にひっかかる何物かが残り、これまでの常套的訴求とはちがうリアリティーがある。それが新しい。

CM「それなりに写ります。お名前編」の一場面

１９８０年は、山口百恵が引退し、ジョン・レノンが暗殺された年だ。70年が「モーレツからビューティフルへ」と日本人の価値観をシフトさせた年だとすれば、80年は「それなりに」自分の生き方を模索するクールな時代の幕開けだった。広告クリエーターが花形職業として注目を浴び、「おもしろ広告」「フィーリング広告」が人気を集めた。

その34　としまえん「史上最低の遊園地。」

広告の常識を逆手に

1990（平成2）年4月1日の「としまえん」の広告は、「なんだこりゃ！」と見る者の目を釘付けにする。広告は自分をほめるのが常識だが、この広告は自分をけなす。それも徹底的にけなすのである。

広告主とクリエイターの信頼関係がなければ絶対できない危険な広告だ。だが、悪口や罵詈《ばり》雑言は人の関心を引き目をそばめさせる。人間の本性をつく、コロンブスの卵発想だ。きれいごとではないが、面白さとは何かを考えさせる。

「史上最低の遊園地」というキャッチフレーズに始まり、「だまされたと思って、いちど来てみてください。きっとだまされた自分に気づくはず。楽しくない遊園地の鏡として有名な豊島園は、ことしも絶好調。つまらない乗物をたくさん用意して、二度と来ない貴方を、心からお待ちしてます。」というコピーには驚かされる。

さらに「ただ回るだけ。がっかり新マシーン（フリッパー）」「乗ったと思ったらすぐ終わり（コークスクリュー）」「大きけりゃ、いいってもんじゃない。見かけだおしのフライング・パイレーツ」などなど施設の一つ一つを徹底的にけなす。「来るんじゃなかった！！」と頭を抱える父親。「ダッサー」と鼻をつまむ母親。「パパー。早くお家に帰ろうよ」と涙を流す子供。ジェットコースターの乗客は口々に「ぜんぜん恐くなーい！」「つまんなーい」「サイテー」「おろせ！」「金返せ！」とわめいている。大胆きわまる広告だ。

ここまで否定すると興味が湧く。おかしみ、滑稽《こっけい》の味わいが出、爽快である。これだけ自分で言うにはよほどの自信があるのだろう、行ってみようかという気になる。広告は最後に「今日は４月１日です。今日はエイプリルフールです。」とオチをつける。

その35
明治製菓「おれ、ゴリラ。」

350万通の応募集める

1972（昭和47）年10月3日の明治製菓（現・明治）「おれ、ゴリラ。」は、景品であるゴリラにキャンペーンのすべてを絞った大胆な広告だ。新聞広告は「おれ、ゴリラ。」「おれ、景品。」をキャッチフレーズに、景品のゴリラの体型や、ぬいぐるみの扱い方、質感などゴリラの説明だけしかコピーに記されていない。テレビCMでは、「おれ、ゴリラ。おれ、社長の代理」と発言し堂々とスターぶりを発揮した。

ふつうのペットではないゴリラを景品にしたところがユニークだが、「ネコより、でかいゾ」「おれって、ほんものみたい」とあるように作り方のリアリティーが人気の秘密であったようだ。「おれ、製法特許だって。おっかさんが言ってた」「手も足も思い通りに振りつけすることができる」「首はこころもち曲げる。上・下・左・右自由自在に」「おれの質感はバツグンだよン」「おれのポーズを変えるときは全身の骨をまず、のばしてから曲げてネ」などと、ゴリラに語らせる手法が面白い。

応募方法は、明治の板チョコの包み紙100円分を1口とし、毎週土曜日に締め切り、12週間続けた。毎週1000匹が当たり、ラッキーな人は2匹、3匹当たる人も出てきたようだ（総計1万2000匹）。12週間のキャンペーンの応募総数350万通という大変な人気となった。

この年の10月28日、中国からパンダが来日し、それをきっかけに動物をつかったCMが目立ちはじめたが、「おれ、ゴリラ」はそのようないやし系ペットブームとはちがう強烈な存在感を主張する異色のキャンペーンだった。

その36

不二家「ペコちゃんいくつ？」

遊び心のあるキャンペーン

１９５８（昭和33）年10月4日の不二家の広告は、みんなに親しまれているペコちゃんの年齢を決めるユニークな懸賞だ。

「ペコちゃんいくつ？」とキャッチフレーズの問いかけに、「リボンをみると4つぐらいかな」「目は5つぐらいよ。大きいモン」「こんな生意気な舌のだし方は、どうみても6つだね」「こんなすごいブランコのふり方じゃぼく6つと思うヨ！」とコピーがヒントを提出している。一番応募数の多い年齢がペコちゃんの年齢になる、という決め方だ。

応募の仕方は、ミルキー、またはフランスキャラメル、野球キャラメルの空き箱の裏に、住所、氏名とペコちゃんの年齢を書いて送る方法。賞品は、1等・日野ルノーデラックス（58年型乗用車）3名、2等・水谷の自転車（22インチ）１００名、3等・ペコちゃん人形（大型）５０００名。自動車は当時まだ所有者が少なく日本人憧れの的だったのである。結果、投票の一番多かった6歳がペコちゃんの永遠の年齢になった。

この年は、5月にテレビの受信契約数が１００万を突破。12月には東京タワーが完成し、新名所になった。また、一万円札も導入され、高度成長を背景に財テク時代が始まった。さらに、宮内庁から皇太子殿下（今上天皇）と美智子さまの婚約が発表されミッチーブームが起こった。

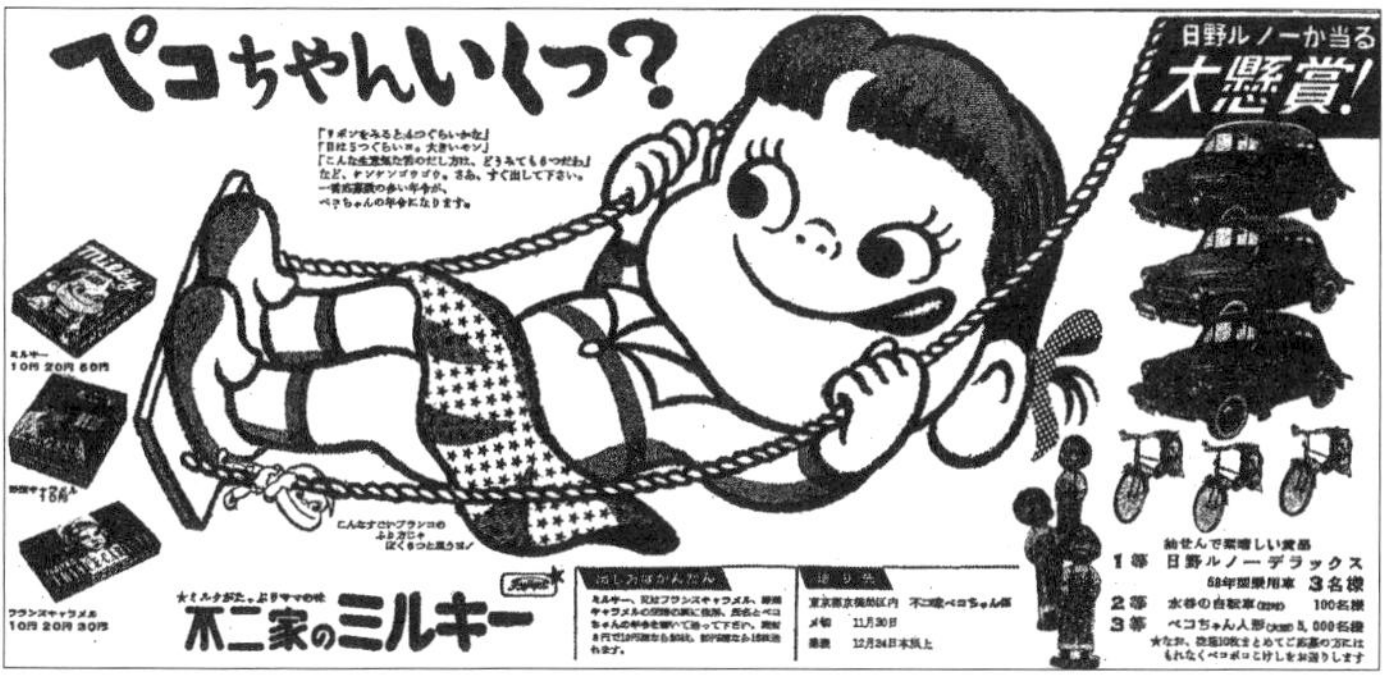

映画も好調で、映画館の年間観客動員11億2千余万人と、ピークを迎えていた。「ペコちゃんいくつ?」は、そんな上げ潮の時代の遊び心のあるキャンペーンだったのだ。

第五部

魅力的で、好奇心をそそられる広告

その37

郵便局「黒澤明全30作品絵はがき」

貴重なコレクションに

劇場でも、テレビでも、黒澤明監督作品は今日も折にふれて上映・放映されている。巨匠の名作は永遠の生命を持ち続けているのだ。1999（平成11）年3月、その黒澤監督作品を集めた「黒澤明全作品ポスターの絵はがきセット」という貴重なコレクションの発売キャンペーンが行われ、人気を博した。

本キャンペーンは、沖縄郵政事業125年の記念事業として沖縄郵政管理事務所・東京郵政局が企画。黒澤明の映画ポスター等を題材にした「絵入りはがき30枚セット」が10万セット製作され、沖縄県および東京都内の郵便局窓口で販売されるとすぐに売り切れたという。購入者の多くは中高年のファンだったそうだ。

このセットには、全作品のスタッフ・キャスト、公開年月日、カラー、スクリーンフォーマット、作品に関するコメントを記した解説書が付いている。第1作「姿三四郎」（1943年公開）から第30作「まあだだよ」（93年公開）までの50年にわたる黒澤の創作活動の全貌がここに収まっているのだ。

なお、全作品のポスター収集は困難な作業だったようだ。公開当時のもの、復刻版、ネガのあるものないもの……。50年間で予想以上に資料が失われており、素材さがしとチェック、選

黒澤明全作品ポスターの絵はがきセット

定などの製作作業には長い時間を要したという。

黒澤明一周忌（99年9月6日）を前に行われたこのキャンペーンは、映画ポスターという文化財保存の意味でも大きな価値をもつものだったといえよう。

その38　風月堂「マシュマロ発売」

ハイカラ菓子を当て字で表現

１８９２（明治25）年7月6日、風月堂はこの時代の最もハイカラな菓子「マシュマロ」の新発売広告を出した。「ＭＡＲＳＨ　ＭＡＬＬＯＷ」と英文で記し、「真珠麿《ましゅまろ》」と当て字をしている。

「只見る皎潔として氷片の如く之を試むるに其味淡白にして風味譬ふるにものなく」とコピーに記すように、真っ白く丸いマシュマロの形状はまさに真珠のようだ。当て字表記の傑作である。

「之れ近時欧州各国の都府に流行品の一に算せらるマシュマローと称ふる珍菓なり」。風月堂は輸入したのではなく、原料、製造法を学び、研究して自らの店で製造した、と記されている。進取の精神が息づいていることが見てとれる一文だ。

さらに、「最もその味ひ淡白なるが故に数日を経るも味ひの変る患なく御老幼様方へ供して害なく殊に陸海御旅行の携帯品には至極よろしく」と、日持ちと持ち歩きに便利なことをうたっている。

１８９２年には、西洋文化の香り漂う新しい高級別荘地軽井沢でイギリス人女性が自転車を乗り回す姿が見られ、東京に日本初の西洋風の製帽会社・東京帽子が創業するなど、ハイカラな風俗が出現しつつあった。

新製菓子廣告
只見る皎潔として氷片の如く之を試むるに其味淡泊にして風味譬ふるにものなく最も滋養分に富めり之れ近時歐洲各國の都府に流行品の一に算せらる、マシユマローと稱ふる珍菓なり此原料及製造法等波地より具に中越されたれど容易に製出するを得ず茲に數月間研究せしに其効むなしからず漸く原品に劣らざる珍菓を製出することを得たり最もその味淡泊なるが故に數日を經るも味ひの變る患なく御老幼様方へ供して害なく殊に陸海御旅行の携帯品には至極よろしく何卒御試の上御愛顧の程伏して奉希候
商標
MARSH MALLOW
眞珠麿《ましゆまろ》
東京々橋區南傳馬町二丁目 電話架設中
總本舗 風月堂 大住喜右衛門
歐洲菓子製造本舗 同日本橋區南園若松町 電話五百十八番 風月堂 米津松造
米津分店 同京橋區南鍋町 電話六百〇八番 風月堂 米津恒次郎
米津支店 同神田區淡路町 風月堂 高積峯三郎
米津支店 同麻布區飯倉四丁目 風月堂 七澤康太郎
米津支店 横濱本町六丁目 風月堂 原田千太郎
注意 近來各所に僞名の風月堂あり右等に於て弊店に關係無之者に候間茲に廣告す

その39

ライオン歯磨「アメリカへ空の旅」

時代先駆け夢を実現

1954（昭和29）年3月5日のライオン歯磨「ライオン1個で御招待！　アメリカへ空の旅」は、海外旅行がまだ自由化されていなかった時代の、大衆の夢をかなえる企画だ。広告は、当時の人気者トニー谷が得意の弁舌で語りかける。

「チュウブを買って抽せん当りゃ　アメリカ見物　OKざんす　ジス・イズ　まったくベリグウざんす」。

ライオン歯磨を1つ買えば抽せん券が商品に入っている。賞品は、ライオン賞「アメリカへ御招待（又は70万円）3名」。旅行の内容はハワイ2日間、サンフランシスコ2日間、ロスアンゼルス2日間、シカゴ4日間、ワシントン2日間、ニューヨークなどに7日間の計21日間の豪華旅行である。なお、注意書きには「ご旅行には個人的なお買物以外お金のご心配はいりません」とある。日本人はまだ貧乏だった。

1等は「観光日本空の旅（又は10万円）5名」。コースは、阿寒・日光・瀬戸内海・阿蘇の各国立公園及び別府温泉・大阪・京都・東京名所ご案内（16日間の予定）。あるいはキャノンカメラ（F1・5）と付属品、R・C・Aテレビ9インチのうち一種。2等は「10日間の観光日本空の旅（又は5万円）10名」。3等以下も電気洗濯機、電気ミキサーなど素晴らしい賞品が揃っており、す

べて「賞品又は現金」になっているところに細かい配慮がある。

アメリカ旅行は、ライオン歯磨と60年来の取引関係のある米国W・J・ブッシュ商会から渡米に必要な米国の公証人署名入りの招待状をもらい実施した。海外観光旅行が自由化されたのが1964（昭和39）年4月1日であるから、この企画は時代にさきがける先進性をもち、しかも21日間のアメリカ一周というきわめて充実した内容だった。

この前年、テレビ放送が開始され街頭テレビに人々が群がり、映画「ローマの休日」が公開され、大衆の目はようやく世界に広がろうとしていた。

その40

壽屋「トリスを飲んでＨＡＷＡＩＩへ行こう！」

トリスウイスキー

憧れを先取りし時代の気分を形にする

１９６１（昭和36）年９～12月の壽屋「トリスを飲んでＨＡＷＡＩＩへ行こう！」キャンペーンは、新時代の幕開けを告げる掛け声だった。「レジャー」という新語が人々の意識を変え、国内の行楽地に人が溢れた。海外旅行はまさにレジャーの頂点であり、人々の憧れだった。

コピーはこう語る。「世界中のみんなが憧れる夢の島ハワイへ行ける海外旅行積立預金証書が１００名様に当る抽せん券つきトリス・スペシャル・セール！」。ハワイ旅行といっても今と違い簡単に行ける時代ではない。「積立預金」は、壽屋が毎月一万七千円ずつ二十二回積み立て、三か月据え置き、元利合計三十九万六千四百五十五円となる。旅行は為替自由化後実施と記されている。高嶺の花だった海外旅行がトリスウイスキーのキャンペーンで当たれば現実になるのである。

ハワイ四島を巡る八日間の旅は第一日から第八日までの旅の内容が柳原良平のイラストで楽しさいっぱいに描かれ、夢をいっそう膨らませる。ワイキキ海岸の波乗り、フラダンス、ココナッツの樹の写真もシズル感をかきたてる。山口瞳の広告コピーである。

この年、アメリカ第35代大統領にジョン・Ｆ・ケネディが就任し、ソ連ではガガーリン少佐が人類初の有人宇宙旅行を成功させた。流行語には、レジャー、地球は青かった、何でも見てやろう。大相撲では柏戸、大鵬が同時横綱昇進を果たし、柏鵬時代が始まった。さらに、本格的クレジット・カード時代が始まり、トヨタの国民車「パブリカ」が発売され、人々は行動的な生活を志向した。「トリスを飲んでＨＡＷＡＩＩへ行こう！」は、新しい時代の日本人の気持ちを代弁するスローガンだったのだ。

その41　改造社「現代日本文学全集」

人の心をとらえた円本

１９２６（大正15）年10月18日の改造社「現代日本文学全集」全36巻予約募集は、新時代の到来を告げる広告だった。１冊１円の「円本」という発想に、当時の読者は飛びついた。タクシーが「円タク」の頃である。

「善い本を安く読ませる！　この標語の下にわが社は出版界の大革命を断行し、特権階級の芸術を全民衆の前に解放した」とはじまるコピーは、一部の人のものであった文学を大衆化する意気込みが表れている。

「日本の第一の誇り！　明治大正の文豪の一人残らずの代表作を集め得た其の事が現代第一の驚異だ。そして一冊一千二百枚以上の名作集が唯の一円で読めることが現日本最大の驚異だ」。

広告の左上には、「壹円」の文字が目立つように丸で囲んで置かれている。この広告に対し、予約申し込みが相次ぎ38万に達したというから驚きだ。郵便局は連日、荷車で振替用紙を改造社まで運んだという。「一家に一冊」という考え方、単行本４冊分を１冊に詰め込み１円で販売する「安さ」が、人々の心をとらえたのだ。

発売１週間後、改造社は「わが国の全階級より怒涛の如き感謝状殺到し凄壮を極む」という広告文を出した。改造社の「現代日本文学全集」をきっかけに円本ブームが起こり、各出版社

は争って文学全集を出版し華々しい広告合戦が繰り広げられるようになってゆくのである。

だが、この日本文学全集の計画は、改造社の山本実彦社長が赤字経営に苦しみ、全集の予約金を集めて資金繰りをしようと考えての苦肉の策だったという。

大正末期から昭和初期にかけて、出版社の大衆へのアプローチと大型広告競争時代がやってくるのである。

その42

岩波書店「岩波文庫発刊」

志を示す強いメッセージ

1927（昭和2）年7月9日の「岩波文庫発刊」広告は、流行に抗い自らの使命感により新事業を始める強い覚悟がつたわってくる。今もすべての岩波文庫の末尾に掲載されている「読書子に寄す―岩波文庫発刊に際して―」は、この広告に創業者岩波茂雄が書いたメッセージだった。

1927年当時は、改造社や新潮社の「文学全集」が「円本」（1冊1円）の廉価で発売されブームとなっていた。岩波茂雄のコピーにはこの状況への異議申し立てが率直に記されている。「近時大量生産予約出版の流行を見る。その広告宣伝の狂態はしばらくおくも、後代にのこすと誇称する全集がその編集に万全の用意をなしたるか。千古の典籍の翻訳企画に敬虔の態度を欠かざりしか。さらに分売を許さず読者を繋縛して数十冊を強ふるが如き、果してその揚言する学芸解放のゆえんなりや」。

岩波書店は、真に古典的価値ある書を文庫という簡易な形式で逐次刊行することにした。予約出版とせず、読者がいつでも自由に選択できる方法をとったのである。

「メッセージの冒頭、真理は万人によって求められることを自ら欲し、芸術は万人によって愛されることを自ら望む」の一文は格調高く文庫の志をつたえる。「それは生命ある不朽の書

を少数者の書斎と研究室とより解放して街頭にくまなく立たしめ民衆に伍せしめるであろう」とつづく。

第一回発表刊行書目は、「万葉集」、「古事記」、「こころ」（夏目漱石）、「戦争と平和」（トルストイ）、「桜の園」（チェーホフ）、「にごりえ、たけくらべ」（樋口一葉）、「病牀六尺」（正岡子規）はじめ31冊となった。すべて21世紀の現在においても読み継がれる真の古典である。書籍が一過性の消費財と化している昨今、この広告は出版社の気概と社会的責任を再認識させる。

その43

壽屋　オラガビール　「出たオラガビール」

モダンで力強い紙面構成

1930（昭和5）年6月9日のオラガビールの広告は、斬新な紙面構成で話題を呼んだ。「オラガビール」の太いゴシック体の文字と「出たオラガビール飲めオラガビール」というフレーズがモダンで力強くストレートに迫ってくる。

このビールは壽屋が、経営不振に陥った日英醸造の「カスケードビール」を買収し「新カスケードビール」としたのち、大胆な戦略に基づき新ブランドに改名したものである。「オラガ」は、前年までの首相・田中義一のあだ名「おらが大将」からとったもので、ネーミングとコピーは名クリエーター片岡敏郎が担当した。

東京を中心に発売されたオラガビールの広告は、連日のように新聞に掲載されセンセーションを巻き起こした。小さい活字で「大　一本廿九銭　大衆飲料ビールの価　本来かくあるべきが真面目と　瓶から切りまで一切のムダな贅費を切棄てて　ただ中身の正味だけ　満喫して頂きましょうの新発売品」とあり、ムダを省いて他社より安いビールをつくったことをアピールしている。「瓶から切りまで」（ピンからキリまで）と、言葉遊びもさりげなく交え、簡潔なコピーといえる。

6月18日の広告では、「ビールほどの大衆飲料が他にあろか　時代はもうレッテルや瓶を飲むを許さぬオラガは中身のビールである　然り中身だけウマければそれでイイのビール！」と、実質で勝負を訴える。「オラガビール」は古瓶を再生した容器、一色刷りのラベルでコストダウンを図り、ふつうのビールの半額の料金で販売したのである。

１９３０年の頃、都市ではサラリーマンが大衆社会の主流を占めつつあり、ビールは彼らの飲み物となっていった。

その44

パラマウント「モロッコ」

新しい試み 熱気放つ

1931（昭和6）年2月8日の広告、パラマウント（現・パラマウントピクチャーズコーポレーション）の映画「モロッコ」（電気館、武蔵野館、邦楽座）は、日本における初のスーパー・インポーズ映画である。トーキー映画はすでに29年5月に上映されていたが、音質が悪く字幕スーパーがないため弁士が説明する旧来の上映方式だった。

「モロッコは、トーキーに於ける英語の会話が上掲の如く直ぐその場面に二重焼付けの日本文となって現れるパ社ニューヨーク撮影所始めての試みになる日本版発声映画です」とコピーは記し、その一シーンが広告のビジュアルになっている。タイトル「モロッコ」の文字デザインと広告の大胆なレイアウトは、この映画がいかに斬新な手法を用いた話題作であるかを感覚的に表現している。

広告には、「ヨゼフ・フォン・スタンバーグ氏監督作品、ゲーリー・クーパー氏マルレネ・ディトリッヒ嬢主演」と超一流メンバーの名が並ぶ。「文壇は最高の賛辞を映画に送り、楽界はこの素晴らしい音楽効果に万雷の拍手を送りました」。映画が最先端の芸術となり、話題をリードしてゆく時代の熱気が広告からつたわってくる。

「この一篇によって映画は絢爛たる黄金時代に入ります！」とコピーが宣言するように、日

本初の本格的トーキー映画「マダムと女房」が8月に封切られ映画は新しい大衆娯楽の中心の座を占めてゆく。その一方、映画のトーキー化により、弁士・楽士の失業が急増し、その人たちは漫談家やチンドン屋に商売替えしていった。

その45　キスミー販売「素人ジャズのど自慢」

若者の心をとらえる企画

1955（昭和30）年3月20日、キスミー販売（現・伊勢半）の広告「職業別・素人ジャズのど自慢出場者募集」は、若者の関心を集めた企画だ。昭和20年代からブーム化していたジャズは広い層の男女に唄われており、文化放送は毎週土曜日午後8時から「素人のど自慢」を放送していた。

司会をつとめる丹下キヨ子は当時の人気タレントであり、番組の顔となっていた。このコンテストの特徴は、参加者を「職業別」に分け出場者を募集したところにある。グループの分け方にキスミー販売のターゲットが意識されているのが面白い。社会の第一線で働き化粧に気を配る人たちが、10のグループに分けられている。美容グループ、興業グループ、喫茶・キャバレーグループ、交通グループ、オフィスグループ、医薬グループ、化粧品・小間物グループ、工場グループ、食品グループ、洋裁グループである。各グループ毎に予選を行い、代表者を決め最終的に10のグループからナンバーワンを決定する。賞金はナンバーワン入賞者に5万円、各グループの代表者9名に記念品が贈呈される。

素人のど自慢について記せば、終戦の翌年にはNHKラジオ「のど自慢素人音楽会」の放送が開始され、のちに民放でも同種番組が制作されるようになっていた。ジャズは進駐軍放送を

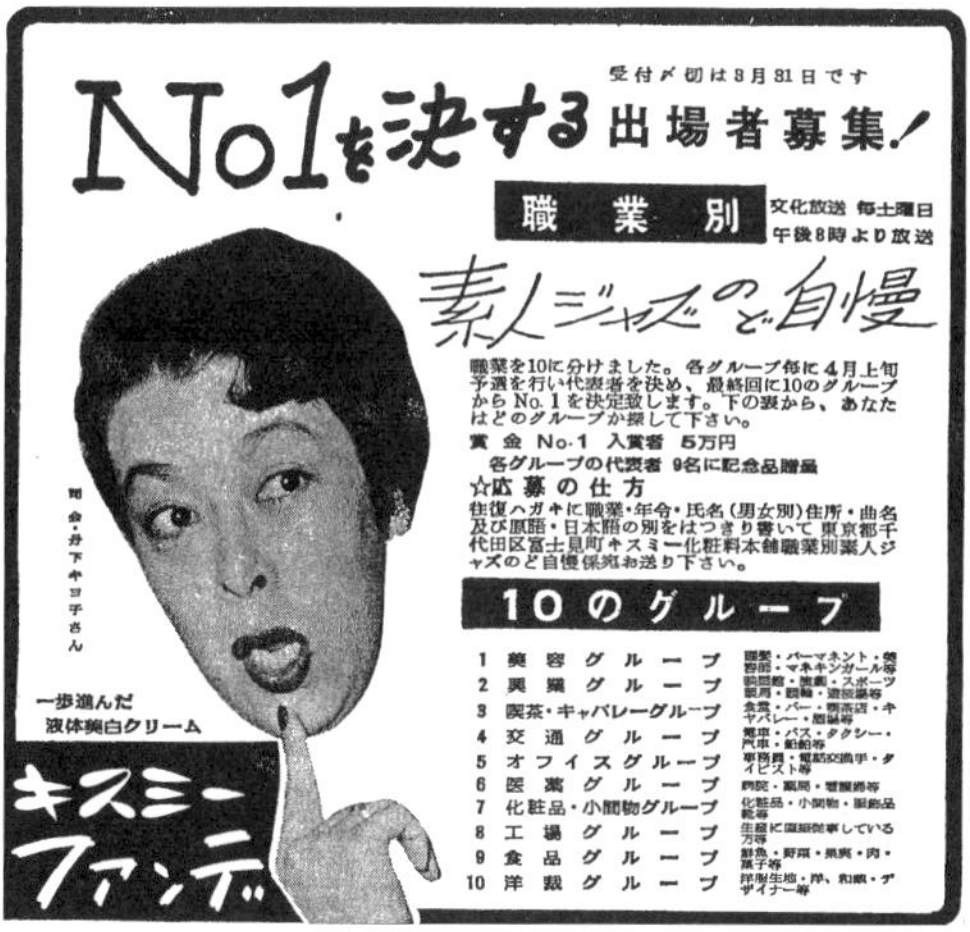

日本人が聞き、昭和25年頃から広まっていった。昭和28年、アメリカの有名ジャズバンドがぞくぞく来日し、ジャズブームをつくりだした。昭和30年当時、都内にはジャズバンドができていた。全国の大学にジャズバンドができていた。日劇や浅草国際劇場でジャズショーが開催され圧倒的な人気を集めた。映画「グレン・ミラー物語」が日本公開されたのはこの前年である。キスミー販売「職業別・素人ジャズのど自慢」は、この時代の若者の話題となる催しだった。

その46　三越呉服店「新館成る」

時代を先導する殿堂

1914（大正3）年9月25日の三越呉服店の新館落成広告は、華やかでよろこびに満ちている。首都の中心地にシンボリックな建造物を竣工させた誇り・自信が広告からほとばしっているようだ。今日の三越日本橋本店がこの時スタートした。

「三越の新館成る　帝国首都の中央、日本橋橋畔の白色宮たる三越呉服店は、千百六十七の日子と、二十二萬人の労力とを費やしてここに全く落成を告ぐ。地に入ること三十有余尺、天を摩すること百七十尺、地下室より屋頂階に及んで実に七階、塔に上れば東京市中を一望に集め、不二山は正に指呼の間にあり」。

三越呉服店が「三越」に商号を変更するのは、1928（昭和3）年5月であるが、この時すでにデパートメントストア化しており、新館完成によって新たに食料品、鰹節、茶、花の営業部門を増設した。広告には、10月1日から「雑貨新製品陳列会」「美術展覧会」11月1日から「舶来品代用　内国製品陳列会」11月20日から「広告意匠展覧会」などの催しが案内されており、百貨店としての間口の広さを顧客に伝えている。

1914年7月に第一次世界大戦が勃発し、ヨーロッパは暗雲につつまれたが、この大戦は日本を近代国家に変え、経済を発展させる契機になった。大都市に三越はじめデパートが急増し、やがて大衆消費社会へと向かってゆく。巨大デパートメントストアは、時代を先導する役割を担うのである。

その47

日本麦酒「ミュンヘン　サッポロ　ミルウォーキー」

視座を世界に置いた名キャッチフレーズ

1959（昭和34）年4月27日、日本麦酒（現・サッポロホールディングス）「ミュンヘン　サッポロ　ミルウォーキー」は、世界に視座を置いた鮮やかな広告だ。「これが世界のビール三大名産地です」と一言でサッポロビールの優位性を表現する。

広告のビジュアルは世界地図が大きくひろがり横に一本の太い線が引かれている。「いずれも北緯45度付近にあって、優秀なホップを栽培できる気候に恵まれているのが特長です」とコピーは記す。たしかにミュンヘン、サッポロ、ミルウォーキーがそこに位置している。サッポロが、ビールの本場として知られるミュンヘンと同緯度にあるのはクリエイティブの「発見」といえよう。「ミュンヘン　サッポロ　ミルウォーキー」という語感もリズミカルで楽しい。「日本ではサッポロビールが、ドイツと北海道の優れた原料を生かして『ホップのきいた本場の味』をつくり上げています」とセールスポイントを記している。

1959年は、4月10日の皇太子殿下（今上天皇）ご成婚が大きな話題となった。挙式、パレードの生中継を契機に日本はテレビ時代に入っていった。家庭電化製品が急速に普及し、暮らしも変化していく。「ミュンヘン　サッポロ　ミルウォーキー」は、この年の大衆の気分に合った広がりのあるモダンなキャッチフレーズだった。

MÜNCHEN
45°
札幌
ミュンヘン サッポロ ミルウォーキー
これが　世界のビール三大名産地です
いずれも北緯45度付近にあって、
優秀なホップを栽培できる気候に恵まれているのが特長です。
日本ではサッポロビールが、ドイツと北海道の優れた原料を
生かして「ホップのきいた本場の味」をつくり上げています。
SAPPORO BEER
ビール党の
サッポロ
リボンシトロン・リボンジュース・カナダドライ
日本麦酒株式会社

その48 不二家「ペコちゃん誕生50年」

企業メッセージとマスコットキャラクターを結びつける

２０００（平成12）年９月１日の「ペコちゃん誕生50年、不二家創業90年」。これを機に、不二家はブランド再構築をはかっている。「ペコちゃんは、私たちにとって、理想の笑顔の持ち主です。うれしい時、たのしい時、そしておいしい時に見せる顔」。たしかにペコちゃんは幸せの顔の象徴だ。

この広告は、「みんなが、もっと、こういう顔になりますように。」というヘッドコピーで、晴れ着姿のペコちゃんを登場させている。「日本中に、おいしい笑顔が、もっともっとふえていくように。私たちは『おいしい、あたらしい不二家』をめざします」とコピーは企業の心を表した。ペコちゃんは、最も有名な企業マスコットの一つとして多くの人に親しまれている。店頭に置かれ、街を彩ってきた。広告には、ペコちゃんの顔、スタイルが時代とともに変化してきていることが写真で示されている。

１９５３（昭和28）年頃、昭和40年代、そして２０００年のペコちゃんが並べられているのを見ると、日本の子供の顔つき、体型の変化がそのまま写されているようだ。この広告でペコちゃん誕生50周年記念「晴れ着ペコちゃんプレゼント」が６０００名に当たる販売促進も告知された。高さ30㎝の晴れ着ペコちゃんは限定品であり、子供ならずとも欲しい魅力ある賞品である。

企業メッセージとマスコットキャラクターを結び付け、不二家らしさを発揮したキャンペーンだ。21世紀を間近にもう一度企業の存在感をリマインドさせたコミュニケーションとなった。

その49　ソニー「ソニービル開館」

若者の集う中心をつくる

１９６６（昭和41）年４月26日、ソニーの広告は数寄屋橋の新しい時代をつくるエポックメーキングな出来事を知らせた。若者のメッカとなるソニービルの開館である。それまで数寄屋橋は、銀座、日比谷、丸の内・有楽町のどこかに向かう単なる通過地点で、日劇、朝日新聞社がそばにあるだけの中途半端な場所だった。そのため、ソニービルの誕生は数寄屋橋に人の集う中心をもたらした。

ソニービルが出来ると、ここは実に便利な場所であることに人は気づいた。広告は珍しい「屈折した」アプローチだ。「お知らせすべきかどうかいくども迷いました」というヘッドコピーは、開館を知らせるには一見ふさわしくない。ソニーが新しいショールームを建てたことは大きなよろこびだが、「数寄屋橋交叉点１日の交通量は約30万人」であり、その１割の３万人が訪ねてきてもゆっくりご覧いただくには多すぎる、２万人でも多い……という表現は説得力がある。開館を知らせ人を集める、というストレートなインフォメーションをせず、「どうぞ　ソニービルは開館当初の混雑をさけてご覧下さい」といかにもソニーらしくクールに伝えている。企業の自信と誇り、そして本当のサービス精神がにじみだす。

１９６６年は、いざなぎ景気がはじまり、新三種の神器、カー、クーラー、カラーテレビが

憧れとなっていた。1964年の東京オリンピックを契機に都市の装置が急速に整備され、町から話題が生まれるようになる。ソニービルは都市の時代のシンボリックな「企業のショールーム」として若者を集めた。

その50 壽屋「サントリーウヰスキー」白札

国産品の誇りを訴求

1929（昭和4）年12月22日の壽屋の広告は、国産ウヰスキーの誕生を告げる格調高いインフォメーション・アドである。「断じて舶来を要せず」とヘッドコピーは謳う。

「ポットスチルに拠るスコッチウヰスキーの醸造！それは実にわが国において　わが社が忍苦十年の余　ここに初めて完成を告げ　今やサントリーの名を冠し　漸く世に見ゆるを得たるを欣ぶ」。気温、地勢、温度、水質等々スコットランド・ローゼスの峡渓とまったく同じ風土を山崎に見出し、多くの困難を経て醸造に成功し十年を要してようやく発売するに至ったことを説明している。

「唯一国産ウヰスキーが　舶来高価のそれに比して　その品質香味　断然劣らざるものあるに至っては　是を推し之を薦むるに憚らずといえども　なおしばらく　東洋謙譲の徳を学んであえて自ら遜り　伏して白す　願わくは各位　一たびご試飲をわがサントリーに賜へ！と」名アド・ライター片岡敏郎のコピーは流麗緊密な筆の運びで長文を一気に読ませる。

広告のビジュアルは、西洋の重厚な石造りの教会建築がデザインされ、クラッシックな雰囲気をつくりだしている。西洋に学び、それに決して劣らない製品を製造した自負が広告に漲っているのだ。サントリーウヰスキーのモダンなロゴタイプはその後もずっと使用されている。

この時発売されたウヰスキーが「白札」であり、ボトルのラベルには「SUNTORY　SCOTCH」と記されている。価格は4円50銭。

　1929年10月ニューヨーク株式市場が大暴落し、世界恐慌がはじまった。日本でも不況、大学卒業生の就職難などで暗い世相の中、広告は人々を勇気づけ、誇りを喚起する役目を果たした。

その51　日産自動車「サニー1200」

比較広告のはしり

１９７０（昭和45）年1月30日の日産自動車サニー１２００は、商品差別化を前面に打ち出した競争広告である。「隣りのクルマが小さく見える」というヘッドコピーで、カメラを持った若者が「オッ！隣りのクルマよりカッコいいゾ」、鞄を持ったサラリーマンが「ナルホド隣りのクルマより豪華だねえ」、杖をついたお婆さんが「えエえエ隣りのクルマよりも快適ですとも」、両腕をベルトに当てたお巡りさんが「フム！隣のクルマより安全だナ」、ファッショナブルな外人女性が「ハイ！トナリノクルマハパワーガチガイマス」、若い二人連れが「モチロン！隣りのクルマよりグーンと個性的だ」と、違いを強調する。「隣りのクルマ」とは、トヨタのカローラである。前年発売されたカローラを標的にこの広告は比較することでサニーの良さを際立たせようとしている。日本人の美学として他人をけなしたり比較したりするのはあまり品の良くないことだと思われてきたが、アメリカから入ってきた比較広告、競争広告の手法は日本風に消化されソフトになっている。「隣りの○○が小さく見える」は、流行語になった。

１９７０年は大阪万国博が開催され、日本は経済大国を世界に誇示した。一方、公害問題が表面化した。戦後急成長をつづけてきた日本はこれまでとちがう価値観を必要としはじめていた。

隣りのクルマが小さく見える
DATSUN
Sunny 1200
新発売
オッ!
ナルホド
エエエエ
フム!
ハイ!
モチロン!
あなたのサニー1200を見つけてください
2ドア 44.0万円
クーペ 55.5万円
4ドア 52.5万円
バン 43.5万円
2まわり豊かになった――
サニー1200
サニー1200 4ドアセダンGL

その52　講談社「キング」創刊

面白くてためになる講談社文化

1924（大正13）年12月5日の「キング」創刊広告には、経営者野間清治のこの雑誌にかける気持ちが表れている。「日本で一番面白い雑誌」「日本で一番為になる雑誌」「日本で一番安い雑誌」という三点に雑誌の性格がはっきり示される。「出た！お待ち兼のキング！素晴しい雑誌！定価僅かに五十銭誰が読んでも面白い雑誌！」と文字が躍る。目次は盛り沢山だ。当時の人気作家・村上浪六の「雑誌掲載の小説はこれを以って最初としこれを以って最後とする」力作をはじめ、歴史小説、探偵小説、家庭小説、怪奇小説などが並ぶ。吉川英治の名前もある。

歴史上の偉人や英雄たちの実話も揃っている。そして「見よ！破天荒の四大付録」として、「趣味実益・新案番附六十種」「人々よ醒めよ！祈れ！歌へ！」「古今東西金言・名句・修養訓」「新東京名所巡り競争双六」が付き、さらに五千名が当選する創刊記念大懸賞募集が発表されている。

講談社は新聞広告のほか、ＤＭに32万5千通の封筒、183万6千枚のハガキを全国に郵送し、市内パレードやチンドン屋も動員した。「キング」は、「発行部数日本一」と謳ったように、創刊号は約70万部であり、やがて戦前の雑誌では初めての百万部を超す部数になった。この時代の健全な娯楽が集約されている。

發行部數日本第一
新雑誌
キング
日本で一番面白い雑誌
素敵な評判
日本で一番為になる雑誌
日本で一番安い雑誌
出た！お待兼のキング！素晴しい雑誌！
定價僅かに五十錢
誰が讀んでも面白い雑誌！
新年創刊號
創刊記念 大懸賞募集
五千名当選
人間味 村上浪六
嵐を衝いて
大久保彦左
金出ろ銀出ろ
お喋舌小僧
処女
獅子王
酒中仙
剣難女難
肉饅頭
長篇熱血小説 悲願千人斬
口繪
新年特別讀物
加藤虎之助
東郷平八郎
直江山城守
鬼将軍リー
天海と忠弥
富の力・智の力・人格の力
如何にして希望を達すべきか
英雄リンコルン
不老長寿熱望者
名人達人決死の大試合
軍神を泣かした孝子美談
屋台店から名舗となる迄
自治の眞精神
脚下を照顧せよ
野田卯太郎傳
何時も若々しく快活に
結婚ローマンス
洋行みやげ
趣味の科学物語
名士の腕白時代
人物掘り出し物語
見よ！破天荒の四大附録
新案番附六十種
人々よ醒めよ！祈れ・歌へ！
処世修養の大経典
金言・名句・修養訓
現代五十五名家選
新東京名所巡り双六
新春娯楽の親玉！
今直ぐ近所の書店へ！
全國書店にあります
定價金五拾錢
發行所 大日本雄辯會講談社

その53 マンダム「男の香り」

外国人スター時代のきっかけ

1970（昭和45）年8月16日のマンダムの広告は、衝撃的だった。醜男ともいえるアクションスター、チャールズ・ブロンソンを起用し、男くささを前面に打ち出し「男の体臭・マンダム……君の世界をつくる」というヘッドコピーの表現で草食系の日本男性に新しいおしゃれへの挑戦を呼びかけた。

香り高いオーデコロンなどの男性化粧品は、それまでのふつうの若者の生活習慣にないものだった。「張りつめた都会の暮らしの中で、ふと心をよぎる荒野の風音。知性と野性とがみごとに両立する男。しかもたくみな変身、ゆたかな演出……そんな男のからだに、たっぷりしみ込ませたいマンダム」。

男性化粧品のイメージキャラクターにむさくるしいアメリカ人俳優を使い、非日常的なアプローチで紺の背広のサラリーマンに冒険を迫った。テレビCMを中心にマンダムの広告は爆発的な話題を呼び、倒産の危機に直面していた会社が見事息を吹き返した。広告のヒットで社名を「丹頂」から「マンダム」に変更した稀有の例である。

チャールズ・ブロンソンはこの広告で一躍人気者となり、これ以降日本の広告に外国人スターが続々登場するきっかけをつくった。翌71年には、カトリーヌ・ドヌーブ、オードリー・ヘッ

プバーン、スティーブ・マックイーン、アラン・ドロンが登場した。１９７０年は大阪万国博が行われ、日本人が世界に向けて大きく目を開いた年だった。「男の香り」は、日本人を変える魔法の液体だったのかも知れない。

第六部

文化性に溢れ、人間性豊かな広告

その54　NTTデータ「ダリュージョン篇」

表現の幅と深みを増すテレビCM

1999（平成11）年4月、NTTデータのテレビCM「ダリュージョン篇」は、ダリのいくつかの絵のモチーフを自在にモンタージュして、見る者のイマジネーションを刺激する。ラテンの音楽をバックに、ゆっくりとナレーションが入ってくる。「私は外国語を話せない。けれどもダリの絵と私は、不思議な話をした。ことばから無限のデータへ。つたえることの新しい世紀へ。NTTデータ。」

シュールレアリスムの手法で描かれたダリの絵が動き、夢の中のように時間と空間が歪んで感じられる。画面から何を読み取るかは、見る者の感性にゆだねられる。

世紀末から新しい世紀への変化を見る人もいるだろうし、奔放なイメージの氾濫に創造の楽しさをみる人もいるだろう。NTTデータのCMの狙いは、数字や論理を超えた奥深いコミュニケーションが必要であることを語っている。そして、謎に満ちたダリの絵が次々に展開していく映像は、謎解きを超えたパワーがある。

絵の表していることをパラフレーズできぬダリのイメージは、現代社会に訴えかけるものを持っている。意味が明らかであり、見えるものだけを信じるビジネス社会。疲労感の中で、大過なく日々をやり過ごそうとする家庭生活。そのような日常性に翼をつけ、自由に飛翔することをだれでも潜在意識として持っている。NTTデータは、ビジネスにおいてこの問題の解決に取り組んでいる、というメッセージも伝わってくる。

このCMは難解である。しかし、その難解さは見る者の想像力をかきたて、眠っている意識を覚醒させる。シュールレアリスムの表現スタイルは、テレビCMにまだあまり応用されていないが、表現の幅と深みを増す意味で、もっと積極的に試みられるべき手法といえよう。

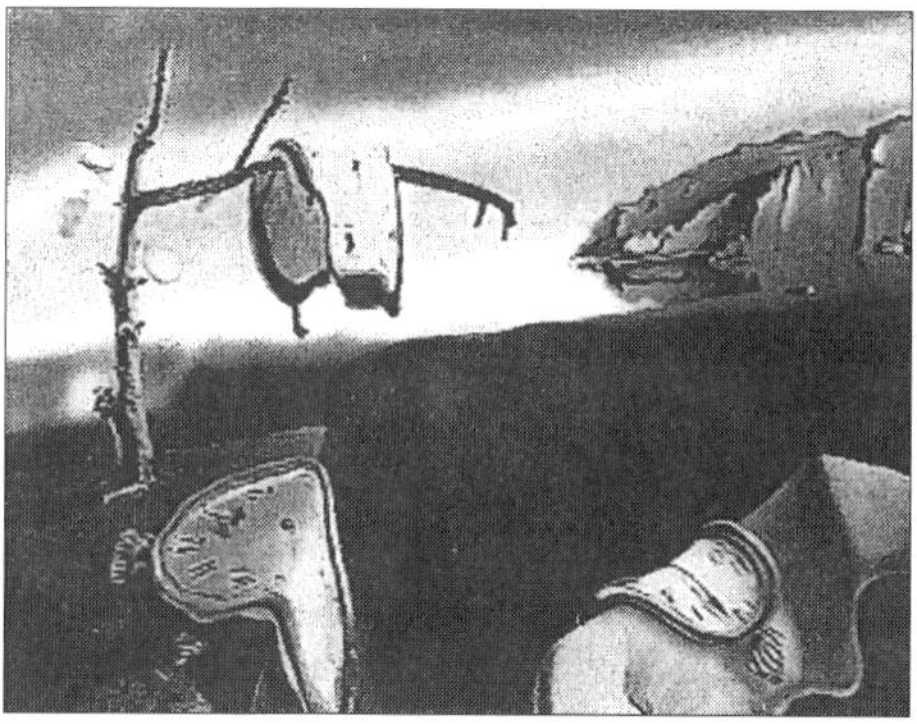

その55 東芝　ステレオ「ボストン」「音楽は世界のことば」

寺山修司が企画制作した広告

「音楽は忘れようとしても忘れられない思い出をつくってしまう。」寺山修司の書いたキャッチフレーズである。１９７１（昭和46）年9月から12月にかけて、東芝ステレオ「ボストン」のイメージ広告としてつくられた5回シリーズ「音楽は世界のことば」は、寺山修司が自らの主宰する天井桟敷ヨーロッパ公演の費用を捻出するため広告会社担当者に売り込んだ企画である。「ヨーロッパの当代一流の文化人に寺山自身がインタビューし、コピーを書き、写真を撮り、文化人直筆サインをもらってくる」という企画内容だ。

寺山修司は、詩人・劇作家・映画監督・エッセイスト・競馬評論家など広いジャンルで活躍した才人である。エッセイ『家出のすすめ』にけしかけられ家出をした若者は数多いといわれるほど、稀代のアジテーターでもあった。当時のヨーロッパでは、寺山修司の前衛劇作家としての評価は極めて高く、「邪宗門」「盲人書簡」はじめ多くの作品が上演された。日本よりもヨーロッパの芸術家の間での知名度が高かったのだ。

この企画は「テラヤマ」だから実現した。寺山はヨーロッパ公演の合間に5人にインタビューし、原稿を作成した。第一回「サルバトール・ダリ……音楽は忘れようとしても忘れられない思い出をつくってしまう。」からはじまり、第二回「ジャン・リュック・ゴダール…私が生ま

れてはじめて聞いた音楽は……母親の声だった」。第三回「ルイ・マル……空の星を7つまで数えてしまったら目をつむって好きな歌でも思い出す」。第四回「ル・クレジオ……パリぎらいの私にとって音楽は数少ない友だちのひとりだ」。第五回「アダモ……もし、世界の終りが明日だとしても私は歌い続ける」とつづく。すばらしい芸術家のラインアップである。

コピーはインタビュー記事というより味わい深い見事なエッセイだ。多彩な才能をもつ寺山修司は広告クリエイターとしても一流だった。新聞のために制作されたが雑誌にも使われ、さらに芸術家の写真を中心にしたPOPなどにも使用され、この企画はいくつかの広告賞を獲得したのである。

その56
文藝春秋「矢張り安くて面白いよ」

落書きの自由さとモダンさ

1928（昭和3）年9月20日の文藝春秋の広告は、落書きの趣向だ。手書きの稚拙な文字が温かく、味を出す。「十月号が出た！矢張り安くて面白いよ」というコピーはへたくそな肉筆だからこそ実感がある。「へのへのもへじ」や「相合傘」が描かれ、落書きの定番は踏襲されている。

「近代『剣』座談会　出鱈目の大衆文芸の剣客より本当の剣客の話が面白いぞ」「『酒と海軍』雨宮大佐　海軍軍人がどんな酒の呑み方をするか」落書きゆえに、酔ったような語り口が活きている。

「菊池の『半自叙伝』は、一高時代に入った。芥川、久米、倉田の面目が出ている」「国性爺合戦　これは築地小劇場十月新築開場の台本だね！」「さうだ小山内さんが書いたんだ」文藝春秋の自由闊達な雰囲気が広告に溢れ、各界のリーダーが名を連ねる。

この広告は、活字を一切使用せずすべていたずら書きのような崩れた字で構成したところに人間臭さがつたわる。文藝春秋は大正12年1月号として3000部を刷った創刊号から人気を呼び、たちまち10万部の雑誌に発展した。都市のサラリーマン層に読まれ、時代の先端をゆく話題がここから生まれた。

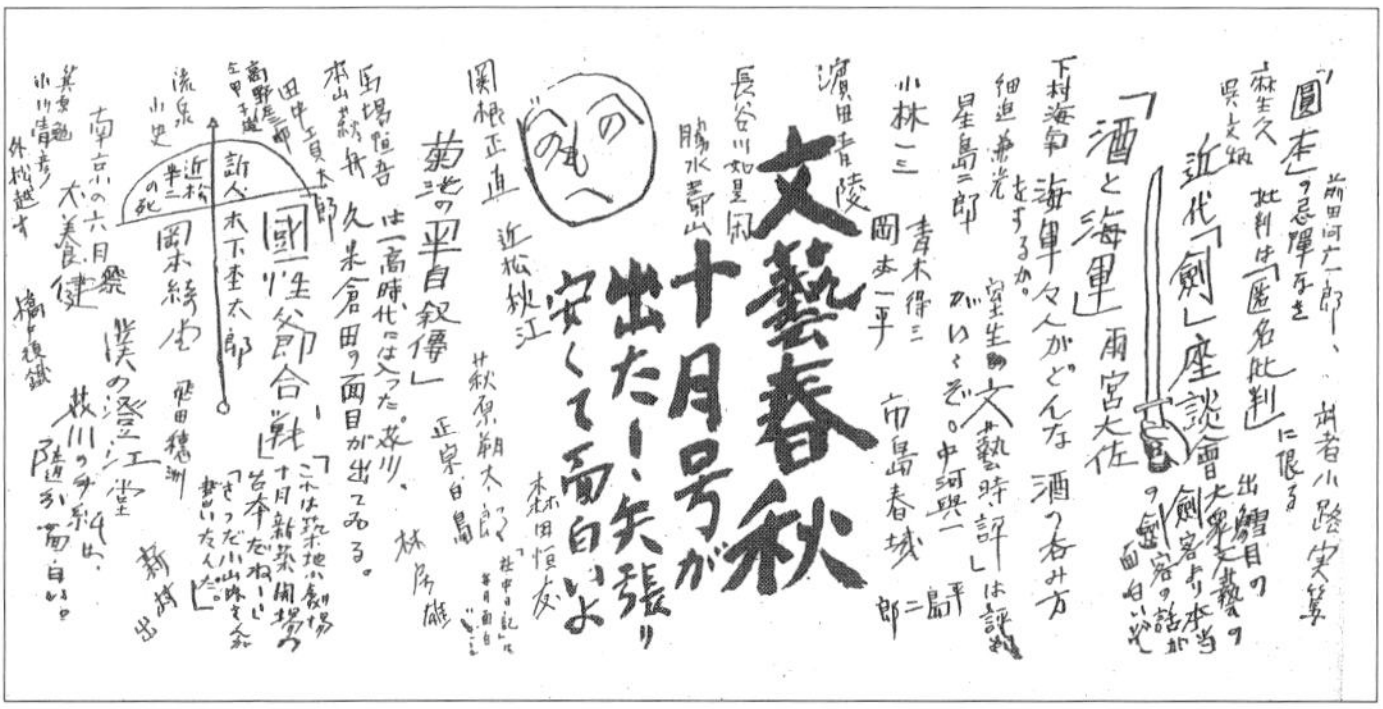

1928年は、蓄音機が普及し藤原義江の「出船の港」や、「波浮の港」「君恋し」が町に流れ、大相撲のラジオ実況放送やラジオ体操が開始された年だった。水の江滝子らの、エロティシズムと躍動感のあるレビューが浅草に登場し都会はモガとモボ（モダンガール、モダンボーイ）の闊歩する舞台となっていった。

その57　江崎グリコ「豆文広告」

遊び心が横溢する

１９３３（昭和8）年4月から連載を開始した江崎グリコの「豆文広告」は、シリーズ広告の古典的名作だ。江崎グリコ広告部長の岸本龍郎は川柳作家としても高名で川柳誌「番傘」を主宰する文人でもあり水府と号した。豆文広告には岸本水府の軽妙洒脱なセンスが存分に発揮されており、自ら文とカットを手がけた。

「ナツヤセシラズ　グリコバンザイ」「グリコノオヤマハ　ナイカイナ」「グリコノアトデハーモニカ」

豆文広告は、朝日新聞、毎日新聞両紙にほぼ連日掲載された。昭和12年4月からは、読者からの投稿を採用した。

「アテテゴラン　グリコデショウ」「グリコ一ツブエクボガ二ツ」「アタラシイヨウフク　グリコイレテミル」「オバサンガキタ　グリコガキタ」「カクレンボ　グリコタベタベカクレテル」「マダアルグリコ　オトガスル」

これらの豆文は、子供の生活・遊びの中にグリコがあることを鮮やかに描き出している。読者からの投稿をまとめた文集も発行され、豆文はグリコのおまけと同様、庶民の人気を勝ち得た。豆文広告を楽しみに新聞を読む子供も増えたという。小スペース、連日掲載、短い文にユー

昭和 8 年 8 月 2 日
報知新聞

昭和 10 年 3 月 29 日
東京朝日新聞

昭和 11 年 11 月 22 日
東京朝日新聞

モラスなカット。岸本水府ならではの俳諧的味わいのユニークな広告だ。江崎グリコ創業者の江崎利一は「事業を道楽化」したというが、「豆文広告」には遊び心が横溢している。

１９３３年４月、古川ロッパ、徳川夢声、清川虹子らの喜劇団「笑いの王国」が旗揚げし、10月にはエノケン一座が結成された。12月には有楽町に日本劇場が開場した。「豆文広告」は、新しい娯楽を庶民が必要としていた時代の、暮らしの中の楽しみとなる広告だった。

その58 ヴァージン アトランティック航空「アートコンテスト」

企業のユニークさ反映

１９９９（平成11）年2月28日の「ヴァージン アトランティック航空 日本就航10周年記念アートコンテスト」は、ヴァージンのカルチャーを表す小粋なキャンペーンだ。「チャレンジ、革新性、快適、楽しさ・おもしろさ、思いやり」をテーマにオリジナル・トランプのデザインを募集するという内容で、このテーマに企業コンセプトが重ね合わされている。

応募作品の中から優秀作品全54点を選び、そのデザインを用いた10周年記念グッズのヴァージンオリジナル・トランプを制作。トランプおよびその他の10周年記念プレミアムグッズは、１９９９年6月25日〜11月30日の期間内特別限定販売で、すべての収益金は財団法人骨髄移植推進財団に寄付された。

キャンペーン告知媒体は新聞とポスターである。ポスターは、美術館、美術系の学部をもつ大学、美術系専門学校、小・中・高校、養護学校など、約５０００校に掲出された。入賞者は6月に東京で開催されたアート展で表彰された。最優秀賞（1点）の賞品は、東京―ロンドン間のプレミアムエコノミー航空券（往復）〈1組2名〉または、東京－ロンドン間のプレミアムエコノミー航空券（往復）＋アートカレッジ夏期短期留学＋期間中の宿泊費〈1名〉であった。

このキャンペーンは、アート作品を、美術館に飾られるものではなく、飛行機の中や家庭で

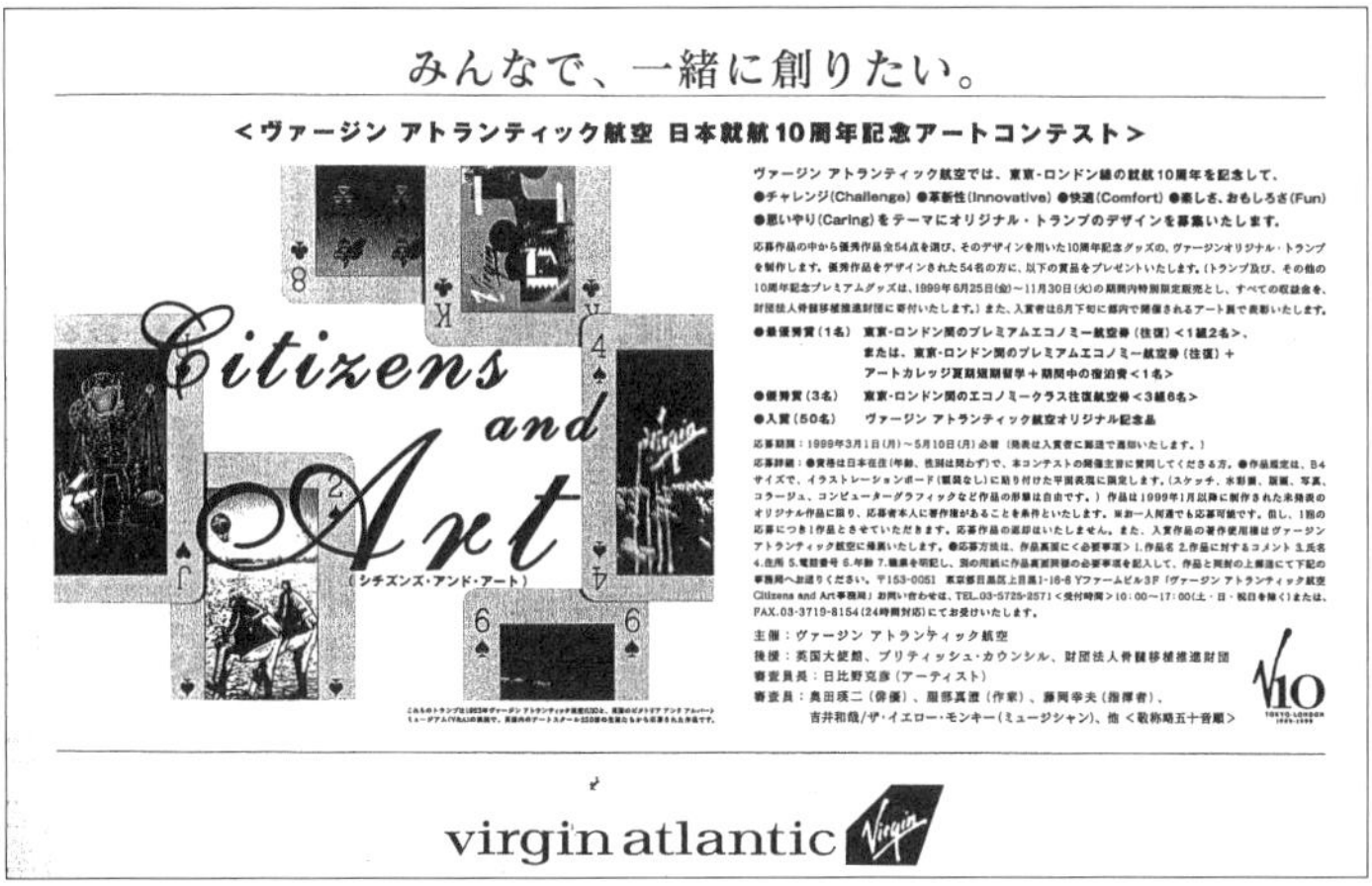

楽しむ「トランプ」のデザインにしたところに身近さと遊戯性がある。

「シチズンズ・アンド・アート」は、ヴァージン アトランティック航空の精神とユニークさを巧みに織り込んだ参加性豊かな文化キャンペーンであった。

その59　ソニー「出るクイを求む！」

個性的な求人広告

１９６９（昭和44）年1月25日の「『出るクイ』を求む！」―ＳＯＮＹは人を生かす―」には、ソニーの企業文化が鮮明に表れている。

「積極的に何かをやろうとする人は『やりすぎる』と叩かれたり、足をひっぱられたりする風潮があります。たいへん残念なことです。いいアイデアを育てる人はなかなかいません。反対に、ダメだダメだとリクツをつけて、それをこわす人はたくさんいます」。

この人材募集広告から、陰湿な日本的風土にあえて挑み、闊達で創造的な環境でモノづくりをしようとする企業姿勢がつたわる。

「しかし、私たちは、ソニーをつくったときから、逆にそういう〝出るクイ〟を集めてやってきました。わずかここ十年間に『ＳＯＮＹ』を世界でもっとも有名なブランドの一つにすることができたのも、ひとつにはそのような強烈な個性をもった社員を集めその人たちの創造性を促進してきたからだと思います」。

応募資格は、「1．入社して、その日からでも役立つようなスペシャリティをもつ方、年令30才位まで。2．性別は問いません。」ソニーが求めている人材は、即戦力のプロフェッショナルだ。甘っちょろい人間はお呼びでない。急成長の企業の率直さとスピード感が漲っている。

「出るクイ」を求む！

――SONYは人を生かす――

積極的に何かをやろうとする人は「やりすぎる」と叩かれたり、足をひっぱられたりする風潮があります。

たいへん残念なことです。

いいアイデアを育てる人はなかなかいません反対に、ダメだ ダメだとリクツをつけて、それをこわす人はたくさんいます。

しかし、私たちは、ソニーをつくったときから、逆にそういう〝出るクイ〟を集めてやってきました。

ソニーがつねに他に先駆けて個性的な新製品を出し、わずかここ十年間に「SONY」を世界でもっとも有名なブランドの一つにすることができたのも、ひとつにはそのように強烈な個性をもった社員を集めその人たちの創造性を促進してきたからだと思います。

ソニーはいま新製品「トリニトロン」カラーテレビを加えて、また一段と飛躍しようとしています。

昭和四十四年度　人材募集要項
ソニー株式会社　人事開発室
東京都品川区北品川六－七－三五（〒一四一）

「ウデと意欲に燃えながら、組織のカベに頭を打ちつけている有能な人材が、われわれの戦列に参加してくださることを望みます」。これまでの日本企業の閉鎖的な組織風土を打破し、自由でのびのびと働ける新しい仕事の時空がひらけていることを訴えている。

1969年当時は「昭和元禄」といわれた。いざなぎ景気といわれる好況がつづき、日本のGNPは50兆円を突破し、米ソに次いで世界3位の経済大国となった。「オー！モーレツ」が流行語となり、時代は上昇気流に乗っていた。大阪で日本万国博が開催されたのはこの翌年である。

その60 サントリー「かくて、陽はまた昇る。」

夢を語る企業広告

１９８０（昭和55）年1月1日のサントリーの広告は、ありきたりの年賀広告ではない。自由さと喜びが紙面に溢れ、いきいきと生きることをけしかけるこの広告は、元旦の朝の読者に強いインパクトをあたえた。

「かくて、陽はまた昇る。」というキャッチコピーには、人生のめぐり合わせで自分の求めるものに出会う願いが込められているかのようだ。広告のヴィジュアルは、高層ビルを背景に作家・開高健がハドソン河で大きなストライプドバスを釣り上げている情景だ。ニューヨークという最先端の都市の真ん中に豊かな自然がある。文明の中心に飼いならされていない野性が息づいている。開高健は語りかける。「魚には、いい水が必要だ。人には、いい夢が必要だ。ＴＯＡＳＴ！　乾杯!!」そして正月の祝杯を挙げたあと、真面目な表情で自らに問うかのように一行の言葉を白抜きで広告の中ほどに置く。「魂の海は涸れていないか」。

この広告は一年をはじめるに当たって、日常に埋没させている大事な「その人ならではのもの」を考えさせる。サントリーの企業広告であると同時に、作家・開高健の個人的なメッセージが発せられている。１９８０年の時代らしいゆとりと遊び心のある広告であり、豊饒さと力強さを持つ。

かくて、
陽はまた昇る。
ニューヨーク。人口、約八五〇万。好きになるか、嫌いになるか。二つに一つしかない都市。この現代のバビロンに、あまり知られていない事だが、もう一つの顔がある。古代の顔と自然の顔である。ハドソン河にはチョウザメが泳ぎ、ロングアイランドの渚では何んとカブトガニがうようよしているのだ。そして自由の女神の足元で、ブルックリンの団地の鼻さきでブルーフィッシュが釣れるのだ。ストライプドバスが釣れるのだ。
脱帽させられた。釣糸の先で文明と自然が握手しておられるのである。やればできるのネ。自然と文明と人間と…。低くたれこめた雲間からようやく陽が差してきたようである。陽はまた昇る。いつの日か東京の海で、大阪の海で、銀鱗が躍る夢を見た。
魚には、いい水が必要だ。
人には、いい夢が必要だ。
TOAST！ 乾杯!!
魂の海は涸れていないか
SPECIAL QUALITY
SUNTORY OLD WHISKY
Product of Japan
SUNTORY LIMITED
サントリーオールド
●サントリー提供 新春特別番組
―世界中から80年代へのメッセージ
森繁久彌のテレビ年賀状
「おめでとう！地球のみなさん」
本日放送。朝9:30〜11:40
真新しい心に爽やかにしみる130分の人間讃歌。
日本テレビほか、全国21局ネット。

その61　連合広告「東都名勝八景」

遊び心いっぱいの元旦広告

1909（明治42）年1月1日の「東都名勝八景」は、元旦らしく遊び心に溢れた連合広告だ。東京の八つの風景とその場所に所在する会社を結びつけ、軽妙なコント風構成で読者を惹きつける。

「小名木川の入船」と日本醬油、「数寄屋橋の春月」と有楽座、「目黒の晴嵐」と恵比寿ビール、「芝公園の暮雪」と御園白粉、「銀座の夕照」と山崎洋服店、「芝浦の朝霞」と森永の菓子、「土橋の晩鐘」と小林時計店、「吾妻橋の春雨」とサッポロビール。八景それぞれの絵に情緒があり東京の町の美しさをつたえる。流麗な文章は広告の格調を高めている。

「唐崎のまつに甲斐ある年立ちて、めでたく初のとりが啼く吾妻の橋の人通り、心隅田の川風もいつしか梅が香を送り……」東都名勝八景を描写する趣のある名文だ。

さらに八景の文の終わりには、広告短歌をのせている。「有楽座見に行く客が我勝に降りて電車はすき屋橋内」「白妙の雪と御園の白粉は花見にもよし月見にもよし」など、こちらはくだけた調子である。

1909年は、東京の山手線が運転を開始した年。日本初の板チョコ「森永チョコレート」が発売され、ハイカラ、蛮カラなどの流行語が生まれた。西欧文明が都会生活に浸透しつつあ

り、東京に住む人々の美意識も、じょじょにモダンな風景に惹かれるようになってきたことが伺われる。

その62　岩波書店「文庫創刊80年」

志を語る熱気

２００７（平成19）年元旦の岩波書店の広告には企業の志を語る熱気が伝わってくる。「文庫創刊80年」というヘッドコピーで、80年前とこの年とを並置しつつ発刊の精神が今日まで脈々と受け継がれていることを分からせる。

昭和２（１９２７）年7月9日付「東京朝日新聞」第１面の岩波文庫の広告をそのまま使用し、ビジュアル効果を持たせながら、岩波文庫発刊広告の響きの高さ、力強さを今日の読者にプレゼンテーションしている。今もすべての岩波文庫の末尾に掲載されている「読書子に寄す―岩波文庫発刊に際して―」は、昭和2年7月9日の広告に岩波茂雄が書いたメッセージであることが、改めて分かる。いつもは何気なく読み過ごしていた発刊の言葉を今、元旦の広告で読み直してみると、流行に抗い自らの使命感により新事業を始める強い覚悟が表れている。

この広告は現在と過去を重層的に提示して古典の価値をアピールする。出版は時代の文化をリードする創造行為であるという気概と誇りが広告を格調高いものにしている。初心を元旦広告に掲げる、いかにも岩波書店らしい剛速球のコミュニケーションだ。

文庫創刊80年
岩波文庫
古今東西の典籍自由選擇の普及版
讀者子に寄す
岩波書店
明けましておめでとうございます
岩波文庫
80
創刊80年
岩波文庫創刊80年記念
岩波文庫 創刊書目［復刻］
北原白秋詩集
倫理学
岩波文庫解説総目録
岩波文庫の80年
図書 臨時増刊号「岩波文庫 私の三冊」
2007年〈新企画〉から
憲法
網野善彦著作集
哲学塾
ヒトの科学
リスク学への招待
数学辞典
図書
岩波書店

その63　富士ゼロックス「人間と文明」

人間と文明

1970（昭和45）年3月から9月にかけて毎日新聞で29回にわたり連載された「人間と文明」は、富士ゼロックスが提供したスケールの大きな〝紙上万国博〟である。日本万国博の時期、富士ゼロックスはパビリオンやイベントに参加するのではなく、新聞メディアによって万国博のテーマである「人類の進歩と調和」を考察したのだ。

1ページの上8段は、世界の知性から「人間と文明」に関する約4000字のエッセイ、下7段にエッセイに呼応した日本のアーティストによるグラフィック作品が掲載されている。3月3日の第一回は、ケネス・E・ボールディングのエッセイ「大転換期への挑戦」と加納光於のグラフィック「プラネット・ミラー」の組み合わせではじまる。エッセイを寄せたのは他にも、アレクサンドル・オパーリン、アイザック・アシモフ、ル・クレジオ、ロベルト・ユンク、ジョン・ガルブレイス、ベンジャミン・スポック、アラム・ハチャトリアンなど、まさに当時の世界を代表する文化人たち。また、グラフィック作品は高松次郎、福沢一郎、池田満寿夫、菅井汲、荒川修作、吉原英雄などが手がけた。

なお、このシリーズには一つのフックがつけられた。海外から寄せられた原稿を原文で読みたい人のために原文のゼロックスを無料で送るというサービスである。なんと、この請求数は

20万通を超えたという。富士ゼロックスの卓抜な発想と先進性を表した稀有な企業コミュニケーションである。

人間と文明

〈1〉

大転換期への挑戦

―ケネス・E・ボールディング―

貴重な青緑色の惑星

先駆者たるべき責任

人間と自然の和解

日本万国博に寄せて

その64

壽屋　赤玉ポートワイン「不景気か？不景気だ！」

人間的共感を生み出す名コピー

1930（昭和5）年6月18日の赤玉ポートワインの広告は、名クリエーター片岡敏郎の代表作の一つだ。コピーもデザインもこの時代では抜きんでて新しい。「不景気か？不景気だ！赤玉ポートワインを飲んでるかネ？　飲んでない！そうだろう！」

きれいごとではなく、社会情勢をそのまま受け止め大衆の日常の言葉で語っている。「飲んでない！そうだろう！」という逆説的な言い回しは、ぶっきら棒な物言いに友人の肩を叩いているような身近さがある。ポートワインのプロモーションを超え、「おたがいにつらいよなあ」という人間的共感がにじみ出しているのだ。

広告のビジュアルには、ポートワインの瓶とグラスを高く掲げる中年男のマンガ風イラストレーションが描かれ、せめてワインで元気を出そうと呼びかける。時代に敏感な広告であり、モダンな表現だ。この前年の1929年10月、ニューヨーク・ウォール街の株式大暴落があり世界的な大恐慌がはじまっていた。日本では失業者が激増し、農産物の凶作で農村は深刻な状況に陥っていた。「娘身売りの場合は、当相談所においでください」などの貼紙が街頭に貼られ、「今日の出生児は二十年後の失業者」という産児制限の新聞広告まで出る世の中だった。赤玉ポートワインの広告は、このような世相の中で人々の共感を生む温かさがあった。

80

その65

寿毛加社　歯磨スモカ「コント広告」

コピーとイラストの軽妙な組み合わせ

歯磨スモカの広告シリーズは、名コピーライター片岡敏郎の仕事の総決算であり、頂点として歴史に残るものだ。1925（大正14）年に片岡の企画立案により壽屋から発売された〝タバコのみの歯磨スモカ〟は、全国の煙草店で販売され愛煙家たちの絶大な支持を得た。その後、壽屋がウヰスキーを経営の主軸にすえる決断をし、片岡は新会社「株式会社寿毛加社」に移り、取締役として歯磨きスモカの広告宣伝を担当した。「寿毛加」という文字はスモカの当て字だが、「壽屋に毛の生えたようなもの」と片岡が言ったのを受けて社名が決まったとの説もある。

歯磨スモカの広告は、突き出し広告のような小型シリーズの連打である。週に一、二度出るこの広告を大衆は毎朝楽しみに読み、会社で話題にした。何日か新聞に出ないと問い合わせがいくつも新聞社に寄せられたという。

コピーとイラストの軽妙な組み合わせで一篇のコントを構成している点に特徴がある。1935（昭和10）年3月15日の広告は、「目　千両の涙より　歯　千両の笑ひよし」というコピーの下に泣いている女のイラストがある。洒脱で切れ味がいい。

このシリーズのコピーは片岡敏郎、イラストは前川千帆、石井鶴三、恩地孝四郎、顔水龍、池田永一治などが書いた。「スモカで磨いた三日目の　朝はわざわざ吃って見せて　旦那！

お歯お歯　お早う！」「フフフの君がスモカで　ハハハの君になったとは　全く以ってハハハのハなり」「なんとまァおきれいなお歯……と逢う人ごとにほめられて　スモカ使うの　わたしもういやッ！」「吸ったタバコのニコチンで　腹は黒いが歯は白い　スモカ仕立ての男前ムハ　ムハハハハハ」「娘十六……あの子もスモカを使い出したぞッ」片岡敏郎の書いたスモカ歯磨のコピーは１１５５点あるという。歯がきれいになるという商品メッセージそのものでありながら、生身の人間がいきいきとスケッチされており、それが読む者に楽しさ、面白さを感じさせる。広告コピーの到達点であるゆえんだ。

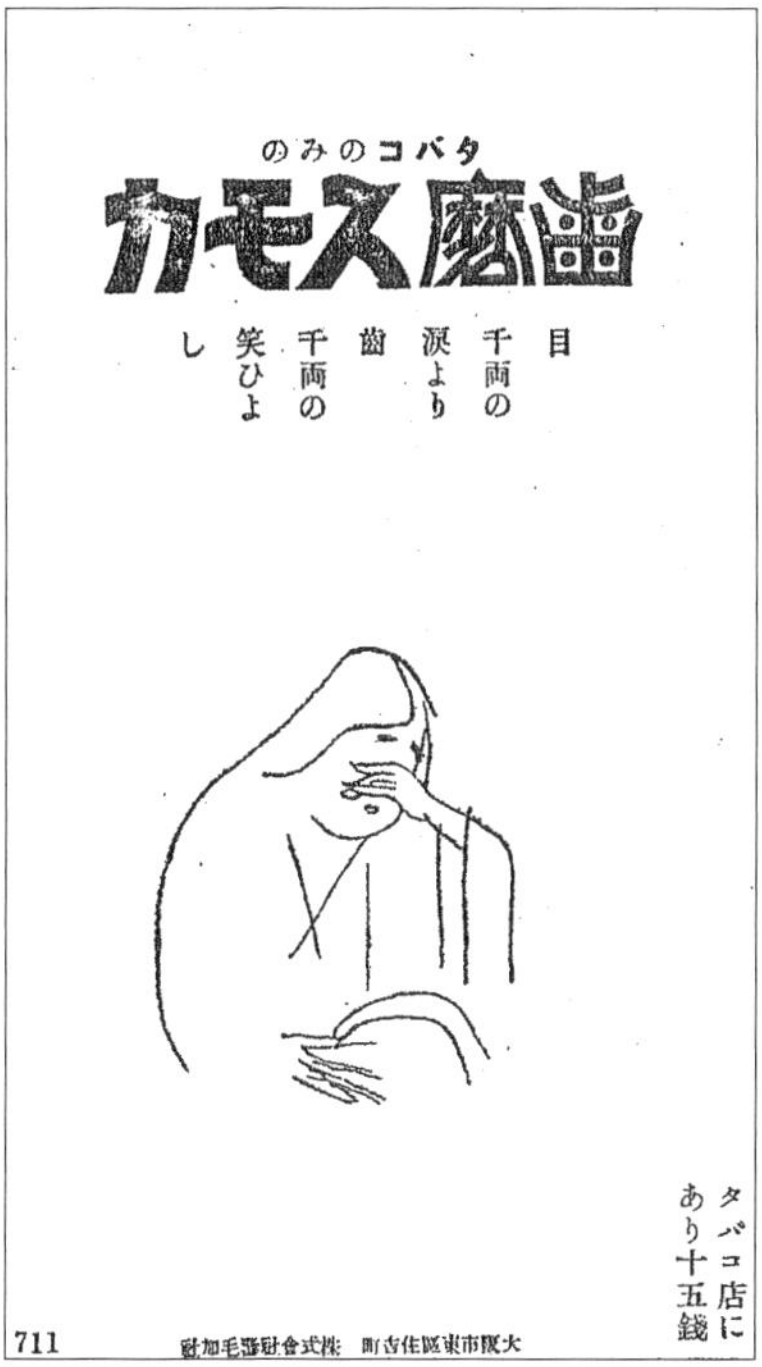

その66　岩谷商会「天狗煙草」

強烈な個性を持つ

１８９９（明治32）年2月1日の岩谷商会の広告は、いかにも経営者・岩谷松平の個性が表れている。「二月二日誕辰五十年祝　家族一同誕辰祝　孫出産祝　天狗煙草税金五十万円祝　岩谷商会関係全員祝賀　二月三日休業仕候」。自分の五十歳と家族の誕生と孫出産を祝い、税金五十万円を納めることを祝っている。関係者全員が祝い、会社を休業するというのである。ずいぶん自分勝手な広告で客にはどうでもいいことだが、どこかしらおかしみがある。

当時、煙草業界では岩谷商会と村井兄弟商会とが両横綱で大広告主だった。熾烈な広告合戦を繰り広げており、岩谷商会は国産派で「国益天狗」「愛国天狗」「輸入退治天狗」「日英同盟天狗」などすべて自社製品に天狗の名前をつけ舶来より安い煙草を発売した。シンボルカラーは赤。社屋の壁を赤く塗り、岩谷松平自身赤一色の服を着、真っ赤な馬車で町を乗り回し広告の権化といわれた。岩谷は、税金を沢山払い職工女工を大勢雇い国益に役立っている事をいつもアピールした。

一方の村井吉兵衛は、アメリカ資本と提携し、「ヒーロー」などのブランドで舶来イメージを打ち出した。また、景品に美人画カードをつけたり音楽隊にブランド名を入れた歌を歌わせたりとハイカラな宣伝を行なった。だが、この激烈な煙草合戦も１９０４（明治37）年、急速

に終わりを告げた。日露戦争の戦費調達のため煙草が民営から官営に移され煙草専売法が施行されるようになったのである。大広告主を失ったことは発展期に入りつつあった広告界にも大きな打撃をもたらした。

その67　協和発酵工業「二人で二百歳」

長寿を祝う賀正広告

1983（昭和58）年1月1日、協和発酵工業（現・協和発酵キリン）の「二人で二百歳、二人とも焼酎党、でございます」というコピーで始まる挨拶広告。元旦にふさわしいめでたさに満ちている。鹿児島県に住む世界最長寿107歳の泉重千代を83歳の加藤辨三郎会長が表敬訪問し、互いの健康を祝うなごやかなひと時が広告に描かれている。盃をもつ200歳の2人の笑顔がすてきだ。

泉は、慶応元年6月29日生まれ。「至極健康。血圧・視力・聴力ともに普通。野菜・肉・魚が好物。毎晩の焼酎が楽しみ。早寝、早起。物ごとにこだわらない」と記されている。加藤は明治32年8月10日生まれ。「毎朝5時起床。明治神宮の参拝から一日が始まる。焼酎の晩酌を欠かさない」と記されている。「二人とも青年の頃からの一途な焼酎党」だという。この広告には同社の焼酎のブランド名もボトルも登場しない。純粋な賀正広告である。

1983年は、東京ディズニーランドがオープンし、テレビ番組「おしん」が大ヒットした年。ストレス社会でさまざまな○○症候群（シンドローム）が多発し、いじめも社会問題となった。そのような時代背景の中、協和発酵工業が出した長寿をテーマにした正月広告は、バイオインダストリーであるこの企業の心を表現するものであろう。泉は昭和61年2月21日、推定120歳で亡くなった。

二人で二百歳、二人とも焼酎党、でございます。
皆様、新年明けましておめでとうございます。
そして泉重千代様、百十八回目の迎春、おめでとうございます。
――昨秋好日、徳之島に泉様を、協和発酵会長 加藤辨三郎がお訪ねしました。
世界最長寿の百十七歳と、ずっと若い八十三歳、足しますと、ちょうど二百歳。
二人とも青年の頃からの一途な焼酎党、その大先輩への念願の表敬訪問でありました。
焼酎で乾杯、お互いの健康を祝しあいました。
泉様は、毎朝お目覚めになられると長寿の世界記録を更新する、という毎日。
お目もお耳もおみ足も、それはたいそうお元気でいらっしゃいます。
私たちも、もっともっと自愛に努め、張りきらなければ、と感じ入りました。
なにしろ、私たちはみんな、泉様より三十も四十も五十も若いのですから。
この大先輩をリーダーに、皆様のご健康とご活躍を心よりお祈りいたします。
昭和五十八年 元旦
協和醗酵工業株式会社
KYOWA
協和発酵

第七部

社会に訴える、問題提起する広告

その68

富士ゼロックス「ビューティフル」キャンペーン

新時代の価値観をリードしたメッセージ

1970（昭和45）年6月にスタートした富士ゼロックス「ビューティフル」キャンペーンは、時代の価値観の変化を鋭く見通した先見性のあるメッセージだった。「モーレツからビューティフルへ」という言葉が人々に新鮮な響きで届くか、これまでと違う考え方を広汎な人々に感じさせられるか、という点に企画スタッフは焦点を絞った。

「ビューティフル」は、それまでの日本人の生き方・働き方「なりふりかまわぬモーレツ」をシフトチェンジする主張である。モーレツを否定するのではなく「クールなモーレツ」「スマートなモーレツ」こそ、これからの日本人の求めるべき道なのだ、としている。

このキャンペーンは、「脱広告」という広告手法も意図された。企業・商品を伝えるのではなく、企業から離れた「社会発」のメッセージをつたえたのである。キャンペーンの成否は、「モーレツからビューティフルへ」が新しい価値観・生き方の指針として社会に広まってゆくかにかかっている。「人々が心の中で感じ始めている、形にならない思いに表現をあたえる」それが企画者の狙いだった。「広告自体、企業が社会に提供する立派な商品だ」という富士ゼロックス経営者の考え方がこの企画を推進させた。

1970年は、3月には大阪万国博が開催、8月歩行者天国が出現。ウーマンリブが話題を

賑わした。日本社会が大きく変化するきっかけとなった年である。「ビューティフル」はそれまでの経済効率一辺倒から人間回復を目指す日本社会の転換をリードするキャンペーンとなった。

その69 大映「日本映画は必ず復興する」

1966（昭和41）年3月24日の大映の広告「日本映画は必ず復興する」からは、永田雅一社長の熱気がつたわってくる。「永田ラッパ」といわれた名物社長が自らの信念・抱負を肉声で語りかける。「数年来、日本映画の危機が叫ばれています。特に最近は、日本映画の現状見るにたえずの声さえ一部にはあります。しかし私は、映画は人類の存するかぎり、不滅であることを固く信じているものであります」。

1958年の年間観客動員11億2千余万人をピークに、映画はしだいに後退しはじめ、とくに日本映画は質的にもひと頃の輝きを失いつつあった。永田は次のようにメッセージを記す。「凡そよき映画は、豊かな芸術性と、健康な娯楽性と、正確な技術性とが一体となるべきものであります。わが社はそれを目指して、今年を復興第一歩の年とすべく、不肖永田雅一、陣頭に立って会社一丸となり、観客の皆様に愛され、信頼され、喜ばれる映画を目標に、近日封切の問題作「氷点」をはじめ着々その成果を発表することになっております」。

時代は変わりつつあった。1959年の皇太子殿下ご成婚、64年の東京オリンピックなどのビッグイベントを契機にテレビが急成長し、66年には、テレビの世帯普及率が94・7パーセントに達していた。永田社長は、映画産業の牽引者としての自負のもと、斜陽化しつつある映画にもう一度活を入れようと、日本映画の国際市場への進出、海外との合作映画の計画を語って

いる。「わが大映は、今年こそ日本映画の沈滞を破り、観客の皆様の期待にこたえたいと念願しております」。全頁広告には「大怪獣決闘・ガメラ対バルゴン」と「大魔神」が自信作としてフィーチャーされている。名物社長の魂を感じさせる気迫に満ちた広告だ。

その70

アンネ「40年間お待たせしました」

女性の行動と意識を変える

１９６１（昭和36）年10月26日のアンネの広告は、女性の行動と意識を大きく変える画期的な製品を掲げる。「40年間お待たせしました」というキャッチフレーズは決してオーバーな惹句ではない。それは女性の暮らしの革命をもたらしたといっていい。

「たとえ生理休暇がとれなくたってもうヘイキ。旅行もＯＫ。女性の宿命のように思われてきた毎月の〝わずらわしい日〟を一度に吹きとばす、新しいタイプの生理用品〝アンネナプキン〟が、いよいよ11月11日から新発売です」。じめじめした、暗い「生理」をこの製品は女性の当たり前のこととしてあっけらかんと白日の下にさらす。

「アンネの日記」からとった「アンネ」というネーミングも清潔感とモダンさを表現するのに一役買っている。広告コピーは「欧米では40年も前から85％以上の女性がこのタイプの製品を使用していたのに、日本女性は古めかしい明治以来の方法だけしか提供されていなかった」と記す。「けれど、もう安心。アンネの出現は一挙に、このオクレをとりもどしました」。

女性にとって恥ずかしい、隠すべき事柄だった「生理日」は「アンネの日」となり、イメージを転換させた。女性を生理の煩わしさから解放し、男性と同様の活発な行動を可能にしたのだ。

1961年は高度成長で余暇時間が増え、マスコミに「レジャー」の言葉が溢れた。生理日を変える新E・Pホルモンデポーやシームレスストッキングなども新発売され、女性は次第に自由さをひろげていった。

その71 三越呉服店「三越の下足問題」

消費者参加広告のはしり

1924（大正13）年5月26日の三越呉服店の広告は、客の意見を求める「消費者参加広告」のはしりだ。広告を使用して消費者志向の姿勢を明示し、客の欲求に基づく店づくりを行う積極的な思考があらわれている。

「三越の下足問題」と題したこの広告は、大正12年の関東大震災で大きく破損した店を本格的に改築するに当たり、「店内を清潔に保つために、震災前のように一々於下足をお預かりいたしましょうか。それとも、お出入りのご便利のために、現在のように靴下駄そのままにてご入来を願いましょうか」、と問いかけた。三越呉服店は近代的なデパートメントストアに変化してゆく重要なステップとしてこの問題をとらえている。

「皆様方がご愉快に、しかもご面倒なく、お買い物の出来ますよう設備いたしたいと存じますから、どちらがお宜しいか何卒お聞かせくださいますようひとえにお願い申し上げます」。このように三越は客の意見をとりいれつつ、近代的な構造に店を変革させていった。時代の先端をゆく企業の新しい広告手法は話題となり客の意識をも変えた。

関東大震災は東京の大半を壊滅させたが、この不幸は同時に新しい都市をつくりだすきっかけになった。店も風俗も人々の生活行動も急速にそれまでとは違うものになっていき、明治的東京から現代的東京へと変わる契機になったのである。「下足を預かる」というそれまでの呉服店のサービス方法はむしろ面倒なものとなり、靴下駄をはいたまま自由に店内を歩き回る便利さが新しい様式となるターニングポイントがこの時期だった。

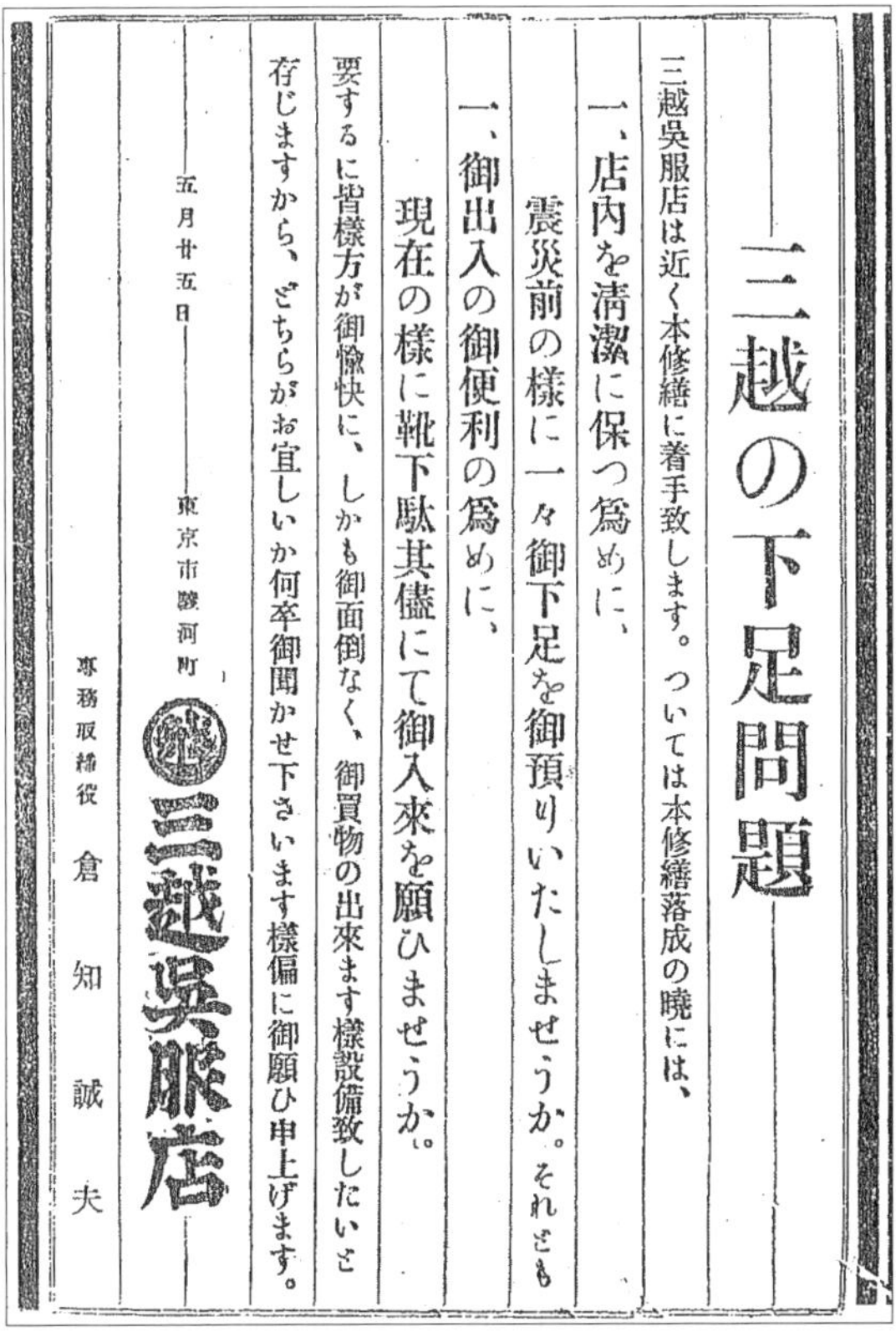

三越の下足問題
三越呉服店は近く本修繕に着手致します。ついては本修繕落成の暁には、
一、店内を清潔に保つ爲めに、
震災前の樣に一々御下足を御預りいたしませうか。それとも
一、御出入の御便利の爲めに、
現在の樣に靴下駄其儘にて御入來を願ひませうか。
要するに皆樣方が御愉快に、しかも御面倒なく、御買物の出來ます樣設備致したいと存じますから、どちらがお宜しいか何卒御聞かせ下さいます樣偏に御願ひ申上げます。
五月廿五日
東京市駿河町
三越呉服店
專務取締役　倉知誠夫

その72 味の素「断じて蛇を原料とせず」

勇気ある防御広告

1922（大正11）年8月3日の味の素の広告は、企業の危機に立ち向かう防御広告だ。「誓て天下に声明す　味の素は断じて蛇を原料とせず」と、世間の一部で囁かれている邪説を真正面から否定している。デマをひそかにもみ消すのではなく、覚悟して白日のもとに問題を曝し真実を伝える勇気ある方法だ。

「味の素は蛇より製造するものなりとの妄語坊間の一部に流布せられつつありと聞くや久しと文章は始まり、会社は意に介せず無視していたが、「この妄語はいたずらに味の素を中傷せんとする禍心より出でたるものにして筆舌相伝え都鄙すこぶる宣伝せられ、今や疑心がまさに暗鬼たらんとするおそれあるに至らんとは。」と悪い事態のひろがりを憂える。

そして味の素の正しい製造方法を明らかにする。「味の素は断じて蛇を原料とするものにあらず。雪白なる小麦粉中よりその蛋白質を抽出し進歩せる深奥なる学理に拠り複雑なる操作を施して学名グルタミン酸曹達を製造しさらにこれを結晶せしめて粉末となしたるものに外ならず」。

広告は文中に、「味の素は断じて蛇を原料とせず」という言葉を3回も反復し、「蛇」の文字を6度も用いて強く印象づける。危険をかえりみず、このようにマイナスの言葉をあえて表に

誓て天下に聲明す
味の素は斷じて蛇を原料とせず
味の素は蛇より製造するものなりとの妄語坊間の一部に流布せられつゝありと聞くや久し、然れども弊社は多く之を意に介せず敢て進んで其妄を辯ぜんとも試みざりき、蓋し此妄語だるや味の素の卓越せる風味か偶々蛇は極めて美味なりとの古來よりの傳説を連想せしめ延て一種機微なる心理作用の下に想像せられたる空言にして畢竟味の素が如何に美味なる調味料なるかを裏書する以外大方各位を惑すべく餘りに附會に過ぎたりと深く窃に信じたればなり、焉んぞ圖らん此妄語は故らに味の素を中傷せんとする禍心より出でたるものにして筆舌相傳へ都鄙頗る宣傳せられ、今や疑心が將に暗鬼たらんとする虞れあるに至らんとは。
味の素は斷じて蛇を原料とするものにあらず、雪白なる小麥粉中より其蛋白質を抽出し進歩せる深奥なる學理に據り復雜なる操作を施して學名グルタミン酸曹達を製造し更に之を結晶せしめて粉末となしたるものに外ならず。
弊社は寡聞にして未だ蛇の如き動物よりグルタミン酸曹達を製出すべき學理的可能性すら之を知らず況んや、弊社自らが實地に之を試みて味の素を製造しつゝありと言ふに於てをや、誣妄も亦甚しく弊社の遺憾洵に之に過ぐるものあらざるなり。
弊社が江湖に薦めつゝある味の素は斷じて蛇を原料とするものにあらざる事を弊社は其名譽を賭し全責任を負て玆に謹んで江湖に聲明す冀くは、弊社誠意のある處を諒とせられ無稽の妄語に累せられ給はざらん事を。
東京市京橋區南傳馬町一丁目十二番地
味の素本舗
株式會社 鈴木商店
取締役社長 鈴木三郎助

出すのは、陰湿な妄語を徹底的に吹き飛ばすためであろう。「弊社はその名誉を賭し全責任を負てここに謹んで江湖に声明すねがわくは、弊社誠意のある処を諒とせられ無稽の妄語に累せられ給はざらん事を」。

この広告の出る数年前に味の素は全国の女学校に製造工程や成分分析の模型を見本瓶を添えて教材として配布していたが、それでも〝原料は蛇〟説が蔓延した。流言を一掃するには、新聞というマスコミュニケーションの強い力を必要としたのである。

その73

江崎グリコ「ともこちゃん、ありがとう。」

共感に訴える危機対応コミュニケーション

1984（昭和59）年6月26日の江崎グリコのメッセージは、社会を騒然とさせた「グリコ森永事件への対応広告である。「ともこちゃん、ありがとう。グリコは、がんばります。」とヘッドコピーは記す。広告中央に、ともこちゃんから「社長さま」あての稚拙な文字のハガキがそのまま載っている。「わたしはグリコのおかしが大すきです。でもはんにんがどくをいれたというのでおかしがかえなくなってとってもさみしいです。だからはん人がつかまってはやくグリコのおかしがたべたいです」。

この年春、グリコ社長誘拐事件が起きた。それをきっかけに「かい人21面相」なる犯人グループから、放火や商品への青酸カリ混入などの脅迫で江崎グリコは脅かされた。

コピーは語る。「今回の事件では、たいへんなご心配、ご迷惑をおかけし申しわけございません。小学校二年のともこちゃんをはじめ、全国各地の消費者の皆さま、販売店の皆さまからたくさんの暖かい励ましのお便りをいただいております。私たちは、こうした皆さまからの励ましに、たいへん勇気づけられております。ありがとうございました。グリコはがんばります」。

度重なる異様な事件に対応して、江崎グリコは社会の人々の共感に訴えるソフトなコミュニケーションを発信した。8月には萩本欽一をキャラクターに「アイ・ラブ・グリコ」キャンペー

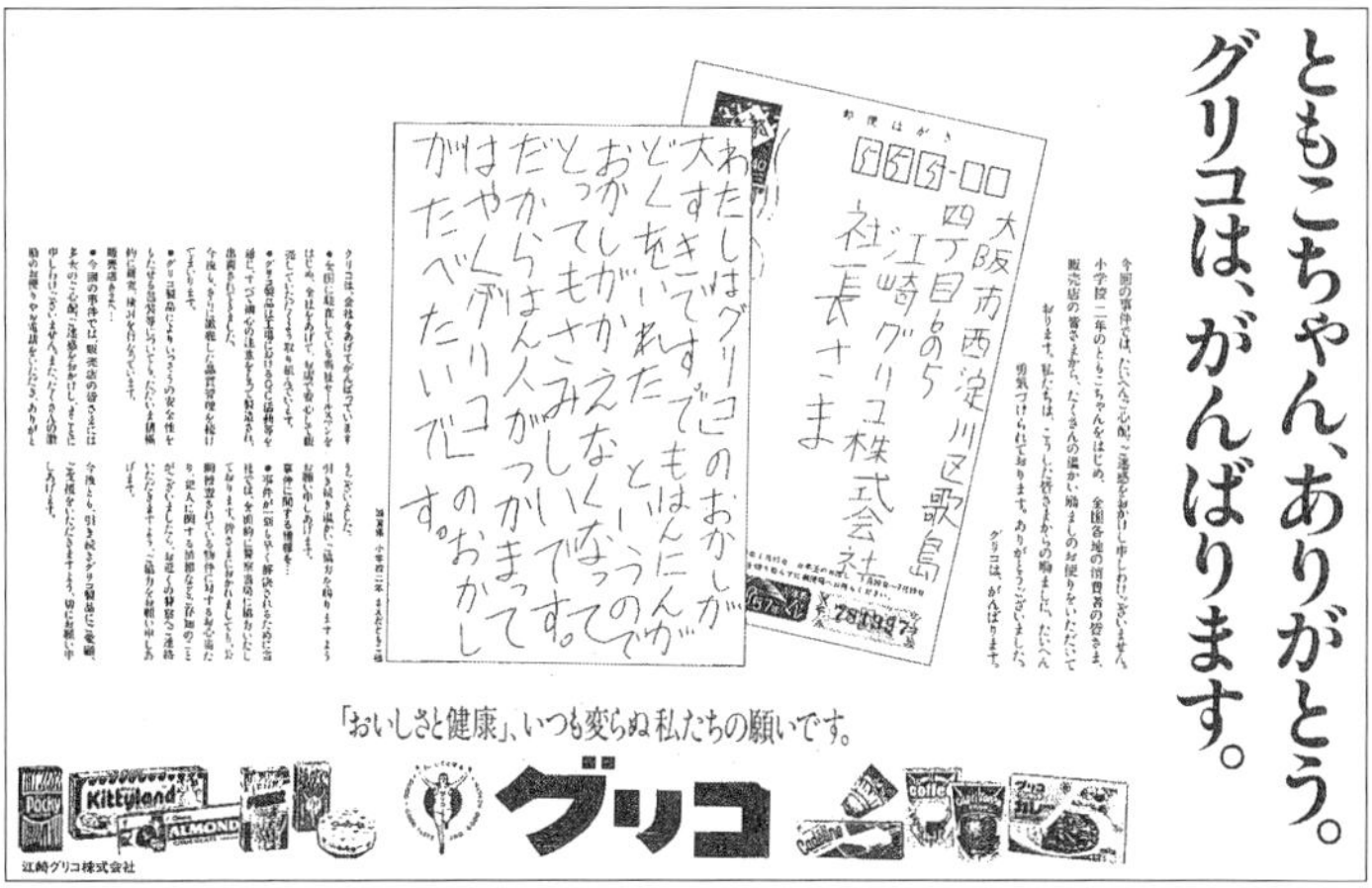

ンを始めた。危機に対しシリアスに反応するだけでなく明るく希望をもって立ち向かう落ち着いた姿勢が局面を打破していった。

時あたかもジョージ・オーウェルが書いた近未来小説『1984年』の年になり、管理社会のひずみが現実となっていた。そんな中、マスコミを意識した劇場型犯罪が発生したのだ。まさに大衆を味方にするコミュニケーションの方法論が重要な時代だったのだ。

その74　日本国有鉄道「国鉄は話したい」

運賃値上げを訴える意見広告

１９７５（昭和50）年６月16日から三日連続全ページで出稿した日本国有鉄道の意見広告は、広告が経営の根幹の問題を真摯に語った稀有の出来事だ。累積赤字三兆一千億円となった国鉄が経営改善のために運賃値上げが必要であることを訴えている。相手を真正面から見つめ笑顔ひとつ見せずに深刻な話題を長々と話すという画期的な方法は、これまでの広告にはない大胆でリスクのあるやり方だ。広告が「コミュニケーションによる経営」の強力な武器であることを示した意義は大きい。

第一回「国鉄（わたくし）は話したい」、第二回「あなたの負託に応えるために」、第三回「健全な国鉄をめざして」のタイトルで、私という一人称で、国鉄が健全に存続するには運賃を二倍にすることが必要だと説明している。「国鉄は日本の財産のはずです」「この借金は決して自分勝手にしたものではなく、国のため、あなたに必要な、日本国有鉄道の役割においてやむを得ずしたものです」「あなたが眠っている深夜にも、国鉄では七万人が働いているのです」「私の切実な願いは、子孫に国鉄という日本の財産を引き継いで貰いたいということです」。広告には毎年の赤字の金額、毎年の債務残高、今年度の経費、収支、仕事量の変化、職員数の変化などが細かく記されている。自らの努力を説明し、国民の理解を求めるきわめて論理的な訴えだ。

これまでの意見広告は主張に重点が置かれ、共感に訴える情緒的な表現のものが多かった。この広告は三日連続全ページという大スペースで具体的な数字を交えきめ細かく読者を説得している。硬派のコーポレートコミュニケーションの代表的事例であり、賛否の議論を巻き起こした勇気ある広告だった。

その75

ベネトン　ジャパン「リ・ディストリビューション・プロジェクト」

社会問題解決に読者の参加をうながす

1993（平成5）年1月26日のベネトン　ジャパンの広告は、奇妙なビジュアルで人の目を驚かす。メガネをかけた初老の男が裸で立って前を隠している。この男はルチアーノ・ベネトン社長である。社長が素裸で広告に登場するのは前代未聞だろう。「わたしの服を返してください」と大きな文字が男の全身にかぶさっている。これがベネトンの衣料リサイクル・キャンペーンのスタートを知らせるティーザー広告である。

つづいて2月2日、まったく同じ形で「洋服ダンスをカラッポにしよう」と書かれた全ページ広告が出された。そしてこの広告で、世界中で服を必要としている人のために不要になった服の提供を呼びかけた。衣料回収キャンペーンは、2月2日から3月13日まで全国ベネトン取扱店537店舗で実施された。協力団体は日本赤十字社、日本救援衣料センター、外務省などである。先進国では、衣類は有り余っているが、世界には、着るものがなく寒さに震える人も数多くいる。衣食住が地球上に偏在しているのだ。ベネトンの「リ・ディストリビューション・プロジェクト」は、この大きな社会問題への人々の参加をうながしている。

4月22日、キャンペーン成果を報告する広告が出た。「世界中で46万ＫＧの善意の服が集まりました。THANK　YOU」。日本は15万着の衣料品を集め、世界中でトップの成績だった。企業の社会貢献事業は個人が一人ではできないことを実施するところに意義がある。営利を離れ、人・モノ・カネ・ネットワーク・情報を駆使して行うことが、その企業への尊敬と共鳴を集めることになる。

その76

日本メンソレータム本舗「国策に準じて」

時代をミスリードする危険性

１９３８（昭和13）年9月17日の日本メンソレータム本舗の広告は、戦争が国民の日常生活をいかに圧迫するかを表している。「国策に順じて　靴から下駄へ　今にわらじも　復活しましょう　……靴ずれすりむき　鼻緒ずれに　メンソレータムが　実に有効です」というコピーは、時代が逆行してゆくさまを表している。ビジュアルに描かれた小学生はみんな下駄ばきだ。日中戦争が長期化してゆく中、物資が不足し、革製品がぜいたく品となって、下駄やわらじをはくのがむしろ時勢を先取りすることとされていたのであろう。国産品を使うという国粋主義的な考え方も広がっていた。

また、「メンソレータムの特効」として、「肌あれ、毒虫、外傷、かぶれ、頭痛、歯痛、神経痛、痔疾、陽やけ」と記されている。薬も不足し、さまざまな用途に使われていたことが分かる。

この年のレコード広告を見ると、テイチクレコードは、「国民歌　愛国行進曲」「愛国歌　晴れの首途に」「愛国歌　山内中尉の母」「愛国歌　兵隊さん節」「愛国歌　軍国の母」「愛国歌　肉弾ぶし」などと愛国歌が並ぶ。コロンビアレコード「露営の歌」、ポリドール「上海だより」「倅でかした」「戦勝の歌」と、各社が戦意高揚のレコードを発売している。また食品の広告も、「兵隊さんに陰膳供えて　前線・銃後・食欲を守る　味の素」「地方へ海外への贈り物に　出征

将士のご慰問に最好適　長崎文明堂の缶詰カステラ」など、銃後の守りの思想がひろまっていた。広告は、その時代の人々の意識を先導し増幅するが、それだけにミスリードする危険もつねにはらんでいる。

その77　角川書店「女性よ、テレビを消しなさい」

新しい女性像の提案

1976（昭和51）年1月4日の角川書店（現・KADOKAWA）「角川文庫」の広告は、命令口調のヘッドコピーが強いインパクトをあたえた。「女性よ、テレビを消しなさい」「女性よ、週刊誌を閉じなさい」。低俗なテレビ番組や週刊誌の記事にうつつを抜かしている多くの女性たちに反省をうながし、我に返らせる。この一言のコピーは文庫のプロモーションを超えて、生活意識、生活態度までに刃を突きつけている。要は、その場限りの上っ面の楽しみを享受する受動的なライフスタイルを捨て、自分の意志で知的探険の旅にでる能動的な生活を提案しているのだ。

広告のビジュアルは、文庫を胸に抱いた黒コートの女性が厳しい表情で前を見つめている。今どきの笑顔いっぱいの表情とは全く違う緊張感みなぎるシーンで、角川文庫らしい挑戦的なイメージ広告である。

この広告は話題を呼び、この表現スタイルがその後流行した。日立は白黒テレビの広告で、「ありがとう『女性よ、テレビを消しなさい』と言ってくれた人」という角川文庫のメッセージに応える広告を出し、テレビを消してもインテリアとしておしゃれな形を訴求した。

1975年あたりから文庫を創刊する出版社が相次ぎ、この時期は文庫ブームとなっていた。角川文庫の広告はそのような文庫合戦の中で強烈な個性を打ち出し、他社との差別化を図った。さらに角川は映画製作にも進出し、出版と映画を同時に売り出す新しい商法で注目されるようになった。

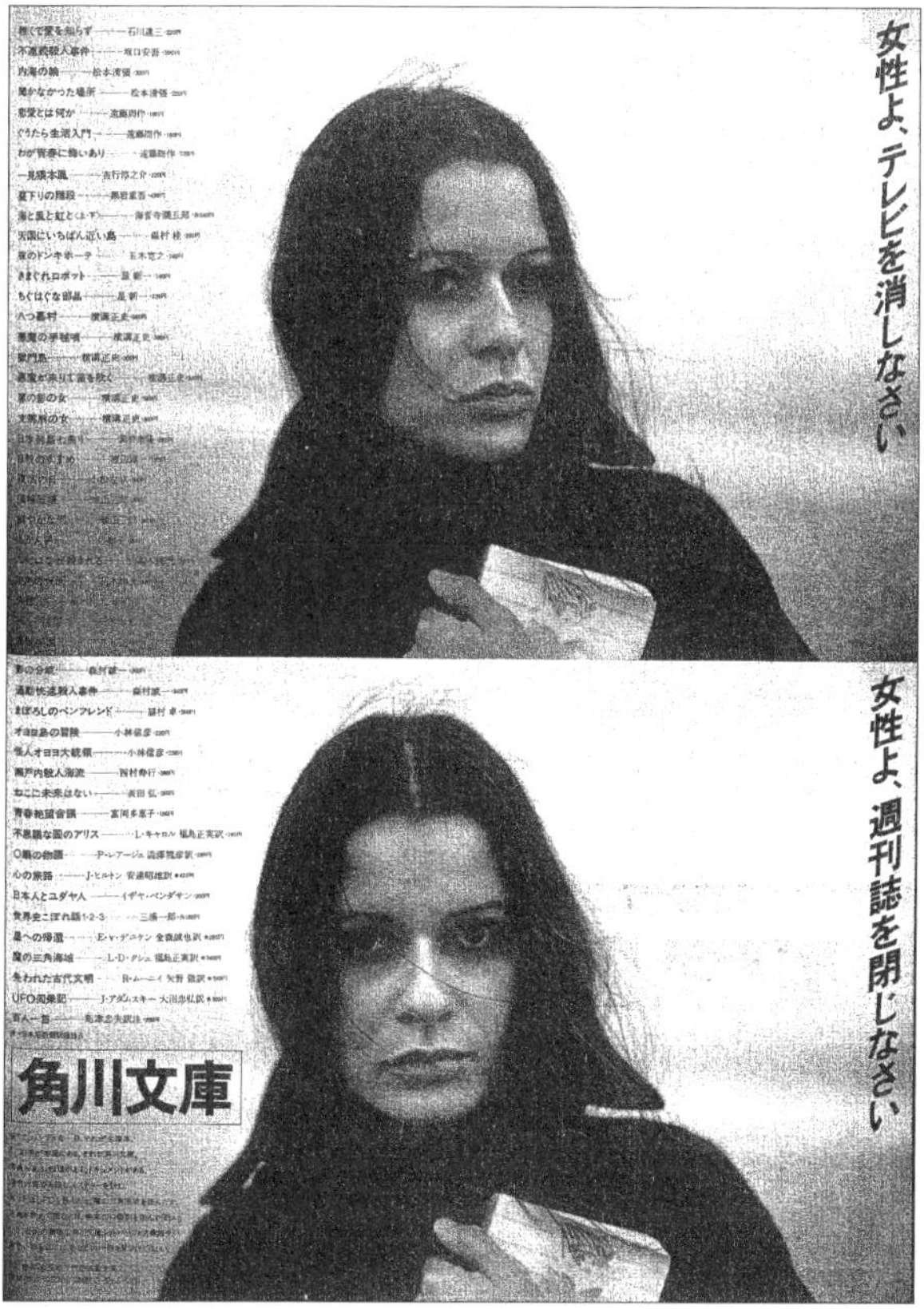

その78

煙草製造官業反対聯合同盟会「天下識者の賛同を仰ぐ」

激烈な意見広告

１９０３（明治36）年12月２日の煙草製造官業反対聯合同盟会の広告は、政府の政策への激しい反対意見を十一項目で述べている。「政府の計画は、一言でいえば、数十万の営業者ならびに従業員が生活のよりどころとしている業務を奪い、煙草商工業を殲滅し、それによって政府自らの財政失敗を補償しようとするに他ならない」と厳しく批判する。「これはまさに国民的国家の本質を没却し、民権が尊重される今日において暴挙であり、その施行の結果は政府が期待する目的に反するに違いない」と訴える。

第一項は、「貨幣、度量衡もしくは郵便、電信、あるいは鉄道のごとき特種の事業を除くの外、すべての商工業は当然民衆に委して以って自由競争の下に奨励発達せしむべし」と述べ、「もし財政のために民業を官業に移すのを許すとするならば政府当然の責務として将来十分伸張の余地ある最も幼稚な事業から着手すべきである」と主張する。

第六項では、「不確実なる政府事業のために多数当業者が積年の労苦を以って習得したる幾多の経験（最大なる無形の財産）を無視し加ふるに重大なる既得権を強奪せんとするがごときは明治の聖代において天下識者の絶対に非認する処なり」と強く抗議している。

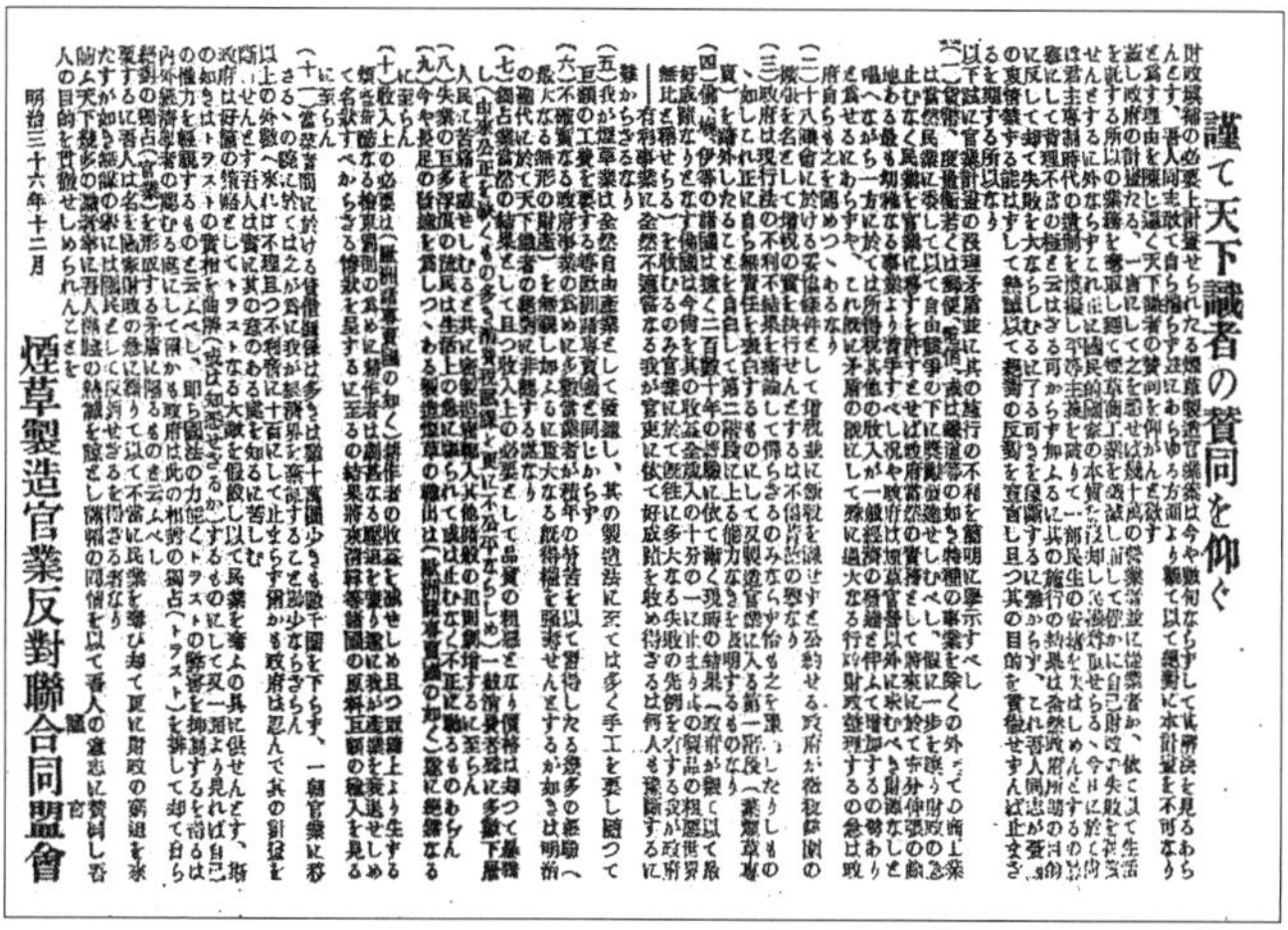
謹て天下識者の賛同を仰ぐ
明治三十六年十二月
煙草製造官業反對聯合同盟會
謹言

しかし政府はこの翌年の7月1日から民営のタバコ製造を禁じ、製造から販売までを専売とした。民営のタバコは在庫品のある間のみ販売が許された。

その79 西武百貨店「おいしい生活。」

ライフスタイルの提案

1981（昭和56）年12月31日の西武百貨店（現・そごう・西武）の「おいしい生活。」は、翌年に向けて生活の仕方を提案する。コピーライターの糸井重里が考案した「おいしい」という絶妙な言い回しは、これまでの形式や外面にとらわれる価値観とは違う、内面を充実させる生き方を呼びかけている。「甘いばかりじゃ、退屈です。辛い、苦い、酸っぱい、渋い、と、いろいろあるのがオトナの生活。問いたいのは味であります」。

この年、西武は「不思議、大好き。」キャンペーンを行い、生活のなかにある「不思議」を探す旅を提唱した。「おいしい生活。」は、それにつづく「味わう暮らし」への誘いである。アメリカの映画監督、俳優のウディ・アレンを起用し、個性的で知的なおいしさをつたえようとしている。「身も心もとろけるようなおいしさ。よく嚙みしめてわかる深遠なるおいしさ。ちょっとクセのある不思議なおいしさ。」を、探そうという。

広告に登場しているウディ・アレンの表情はなんとも無愛想だ。ちっとも楽しそうではない。なにか思いつめているような、怒っているようですらある。広告に出てくる人物はふつうにっこり笑顔で親密な感じを表すものだが、そのギャップがたぶん西武のキャンペーンの言わんとするところに違いない。「辛く、苦く、酸っぱく、渋い」生活の中に、味わいを探す旅に出ようと誘っているのであろう。

１９８２年は、２月に東京永田町のホテル・ニュージャパン火災、日航機機長の異常操縦による羽田空港着陸寸前の墜落などの事故、６月にロッキード裁判で政治家被告に初の有罪判決、ＩＢＭ産業スパイ事件などが相次いで起こった。「逆噴射」「心身症」「ほとんどビョーキ」などの言葉が流行語になり、方向性の見えない世相だった。「おいしい生活。」キャンペーンはそのような年のすこしオトナっぽい行動への誘いだ。ただ無邪気にはしゃぎまわっていられる時は過ぎた。落ち着いて自分の生き方を考えようとリードしている。

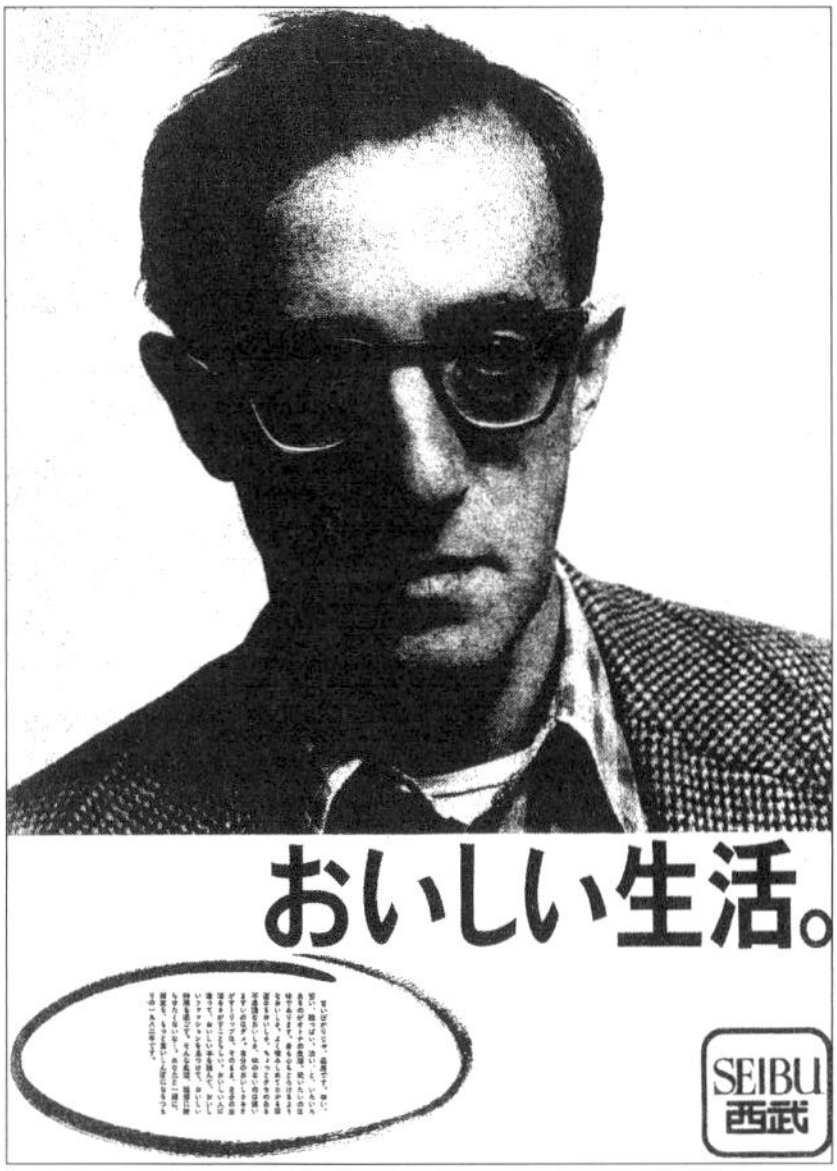

第八部

タイムリーで、時代のニーズにこたえ心をうつ広告

その80

新国劇「天幕劇場」

非常事態の挨拶広告

1924（大正13）年1月1日に掲載された新国劇の広告は、非常事態の下での劇団挨拶だ。前年の1923（大正12）年9月1日は関東大震災により、東京の多くの建物が灰燼に帰した。広告は座長・澤田正二郎の新年挨拶文の形でこの苦難から立ち上がる姿を示している。「住み馴れた奮闘の根城を焼かれた私たちは、何処にも今自分の劇場をもちませぬ。大正十三年の首途を是非とも懐しい皆様と共にしたく、母校早稲田大学より貸し与へられた大天幕をもって公園劇場の焼け跡に天幕劇場を仮設いたしました」。いち早くテント小屋で芝居を再開する新国劇の心意気が熱く感じられる。

天幕劇場の演目の中に、菊池寛作「震災余譚」がある。さすがにタイムリーな話題を盛り込んでいる。「一月元旦正午開場・毎日二回公演」だが、「雨の日休場」が切ない。「粗末な天幕張りの中にも、さっと燃ゆるやうな新しい芸術を生まずにはおきません。どうぞ新春の皆様の楽をお充たし下さいまし」。当時の人気劇団新国劇の、自由で意欲的な活動が観客の支持を広げていったようだ。

この新聞広告の掲載面には、「賀正　芳名簿焼失のため略儀ながら紙上をもって年賀の詞申し述べ候」などの広告があり、震災の余波はまだ色濃く紙面に残っている。

住み馴れた奮闘の根城を燒かれた私たちは、何處にも今自分の劇場を持ちませぬ。大正十三年の首途を是非とも懷しい皆樣と共にし度く、母校早稻田大學より貸し與へられた大天幕をもつて公園劇場の燒跡に天幕劇場を假設いたしました。粗末な天幕張りの中にも、さつと燃ゆるやうな新しい藝術を生ますにはおきません。どうぞ初春の皆樣の樂をお充たし下さいまし。

新國劇　澤田正二郎

その81 小川興業「ドラム缶風呂」

戦争直後の時代をシンボライズする

１９４８（昭和23）年1月22日の「ドラム缶風呂」の広告は、この時期の日本の暮らしを象徴的に表している。焼け跡のバラック住宅には満足なトイレ、風呂がない。家族が雨露をしのぐだけの簡単な造りの家ばかりが立ち並んでいた。バラックもつくれない被災者はガード下や地下道に住んだ。ドラム缶風呂は、そのような時代でちょっとしたぜいたく品だった。「１５８０円。都内配達、地方発送実費。振替ご利用乞う」と記されている。

ドラム缶風呂は家の外に置かれ薪や廃材で焚いた。銭湯はあったが、やはり自分の家の風呂はくつろげる。一日の疲れをとる大事な時間なのだ。

この広告の横には、「カメラは日米商会」「自動棒炭機」の広告が並んでいる。当時、カメラは貴重品で高値で売れた。また、自動棒炭機は炭をつくる機械で、燃料が手に入りにくかったため自家でつくっていた時代背景が見てとれる。

新聞の同じページには、「十二坪の文化住宅が当る福定預金」の記事があり、特賞は「木造かわらぶき住宅か、家を希望しない者には十五万円支払う」と記されている。敗戦から2年以上たっても、空襲で被災した庶民の生活はまだまだ貧しかった。

この年、美空ひばりが横浜でデビューし、プロ野球の初ナイターが横浜で行われた。ドラム

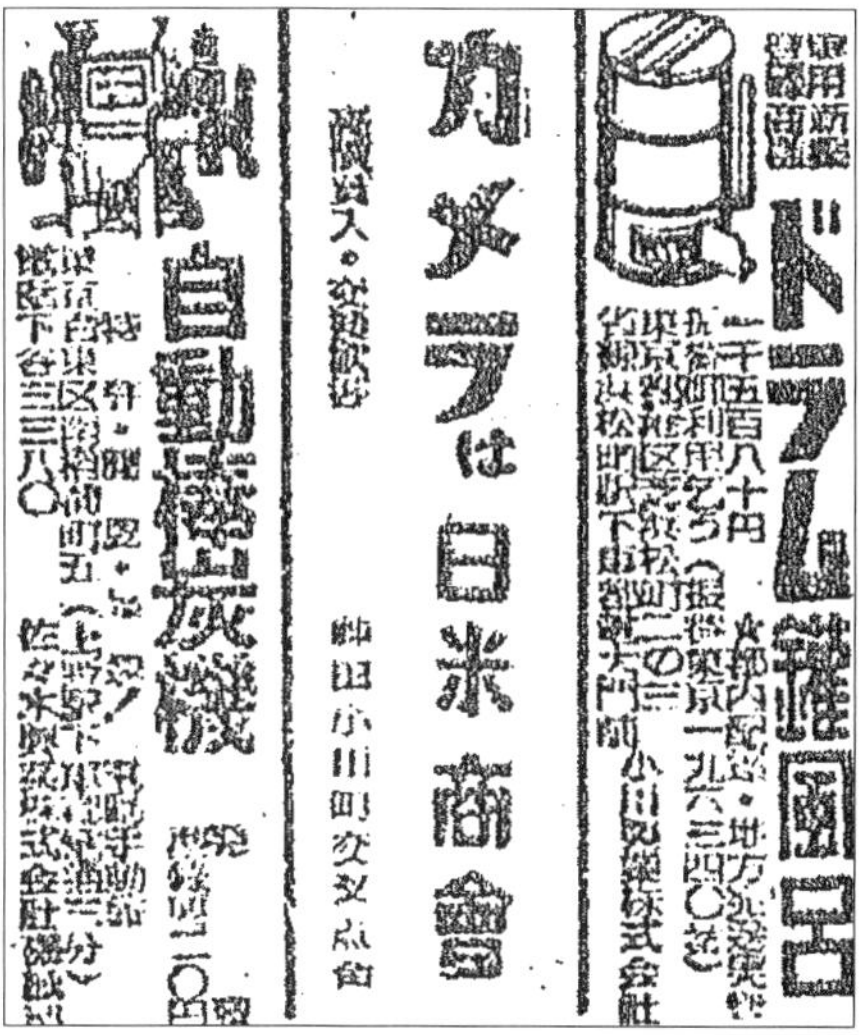

缶風呂につかりながら、「東京ブギウギ」「憧れのハワイ航路」「湯の町エレジー」「異国の丘」などの流行歌を口ずさむ逞しさがあった。貧しさの中でも希望は芽生えていたのかもしれない。

その82

ダーバン「さようなら、ジャン・ギャバン。」

時代を代表する名優を悼む

1976（昭和51）年12月1日のダーバン（現・レナウン）の「さようなら、ジャン・ギャバン。」は、フランスの名優への追悼広告である。「去る11月15日、フランスが生んだ世紀の名優ジャン・ギャバンが亡くなりました。「望郷（ペペルモコ）」「大いなる幻影」、そしてアラン・ドロンと共演した「地下室のメロディー」など、戦前戦後にわたる幾多の傑作に刻み付けられた、彼の渋い風格のある演技を、私たちは永久に忘れないでしょう」。映画の題名をたどるだけでさまざまな思い出が甦る読者は多いだろう。

広告には、「ジャン・ギャバン追悼の夕べ」の案内が記されている。催しは、女優・高峰秀子、ニュースキャスター・磯村尚徳他による座談会「わが永遠のギャバン」と、映画「暗黒街のふたり」（主演・ジャン・ギャバン、アラン・ドロン）上映が行なわれる。ギャバンはフランスの国民的俳優だが、日本でも長い年月にわたり幅広い層からの絶大な人気をかち得ていた。アラン・ドロンを広告キャラクターに起用していた紳士服メーカー・ダーバンのイメージにぴったりの企画である。

この5段広告の左上の突き出し広告で、明治乳業が、「ジャン・ギャバン。突然の死はまさに名優の名にふさわしく、ドラマチック。多くのファンをもつ〝ペペルモコ〟とももうお別れ

です。」とコピーをのせている。ダーバンの広告との相乗効果で注目度を高める珍しいタイアップ手法だ。

その83　阪急百貨店「開店広告」

ターミナルデパートの誕生

1929（昭和4）年4月14日の阪急百貨店（現・阪急・阪神百貨店）の広告は、梅田駅の食堂・食料品・雑貨マーケットを日本初のターミナルデパートとして誕生させた記念すべき開店告知だ。電車車両の形に白抜きされたスペースに広告コピーが収められている。

阪神急行電鉄社長・小林一三自らの書いたコピーが肉声を伝える。「どこよりもよい品物を、どこよりも安く売りたいと思うと、中々品物が揃わない、すこぶる貧弱で、不行届きで、お恥かしい」という言葉は、社長でなければ書けないコピーだ。

「皆様方のご同情と、ご指導と、お引立てによるより外に途はない」というへりくだったもの言い方がいかにも大阪商人らしい。「我々の希望は、気長に、堅実に、立派な店に育てたい」と記してあるとおり、都市の拡張と共にターミナルデパートはやがて大都市の盛り場の中心となった。そして郊外電車の発着点が流行の発信基地となり若者たちの集う先端的なスポットとなっている。

1929年は、4月に日本航空輸送が東京―大阪―福岡間で定期旅客便を開始し、壽屋が国産初のウイスキー「サントリー白札」を発売し、日本―ヨーロッパ間の無線電信取り扱いが開始された。5月、アメリカの本格的トーキー映画が東京で封切りされ、6月、東京―立川間の

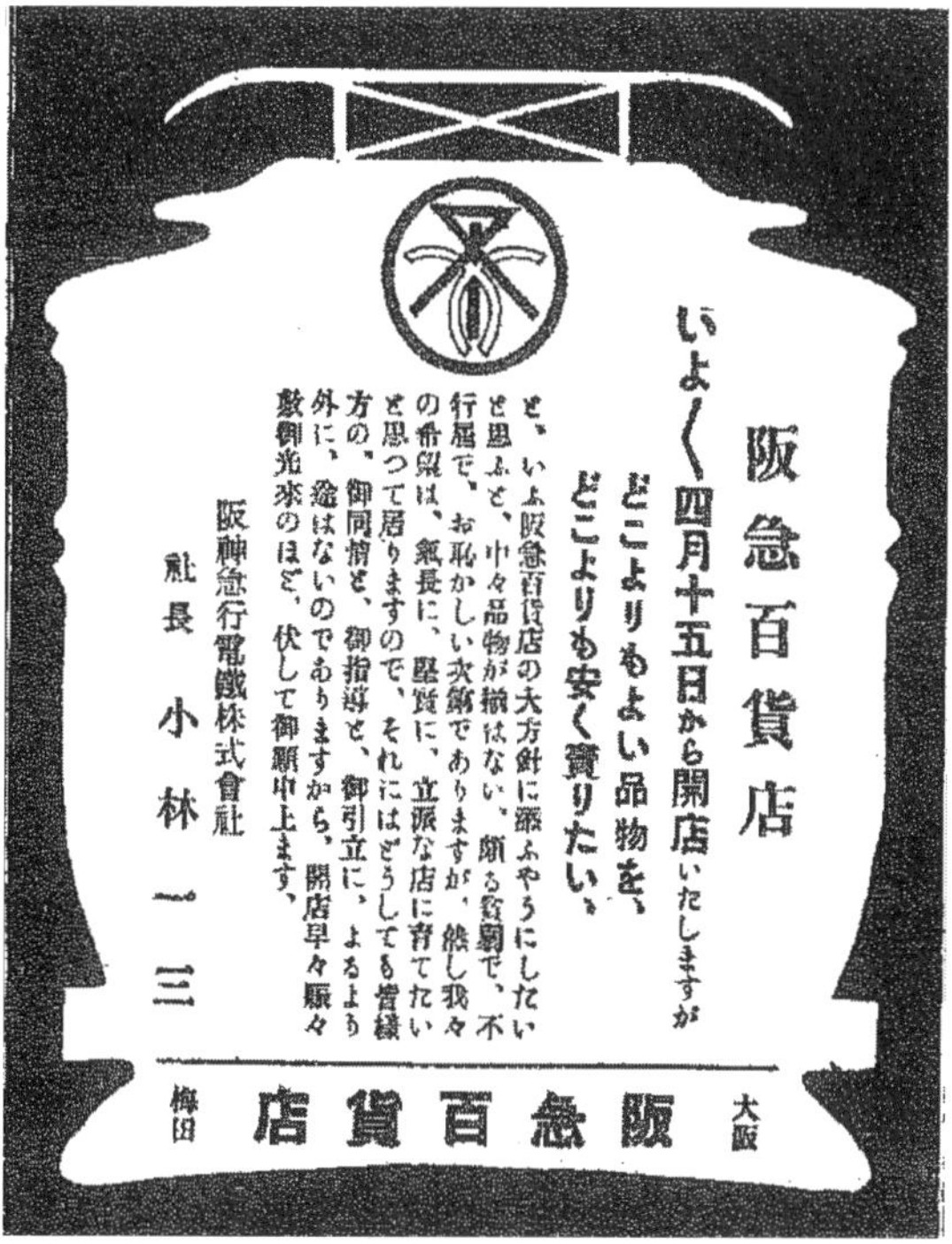

省線電車が開通した。8月にはドイツの飛行船ツェッペリン号が霞ヶ浦に着陸して大きな話題となり、10月には、東京日比谷公会堂が開場した。ターミナルデパート阪急百貨店の開店は、このような時代の変化をいち早くとらえ都市生活者の利便性を追求した先進的な試みである。

その84 スバル座「アメリカを観る場所……」

戦後日本の象徴的な空間

1947（昭和22）年2月19日のスバル座（現・スバル興業）の広告は、まさに戦後の日本を語っている。「アメリカを観る場所……」というヘッドコピーは、この時の日本の憧れがアメリカであったことを示す。昭和二十年代、娯楽に飢えた日本人は争って映画を観た。衣食住すべてを失った大衆にとってアメリカは自由と豊かさにみちた別世界であり、アメリカ映画はそのショーウインドウだった。

「丸の内のスバル座へお越しになれば、話題のアメリカ映画が行列なしに何時も座ってご覧になれます。毎日九時より予約席、当日とも発売いたしております。洋画ファンの待望の指定席をぜひご利用下さいませ」。というコピーは人々の欲求にこたえるものだった。

当時、映画以外に大衆の娯楽は少なく、映画館は常に超満員状態で入館のために長時間行列することや立ち見は当り前だった。立ち見の空間をつくる映画館もあった。スバル座は、「行列なしで座って見られる」ことへの大衆の強い願いを知り、3月25日から「ロードショウ」という新システムを日本ではじめて導入した。

スバル座のロードショウは全館座席指定、各回入れ替え制である。入場料25円（一般映画館は10円）と割高だったが、客が殺到し柿落とし上映「アメリカ交響楽」は10週間のロングランとなった。この広告は、「帝都唯一のロードショウ劇場」がスタートする直前の助走時期のインフォメーションだったのだ。小スペースながら目をひく情報だった。

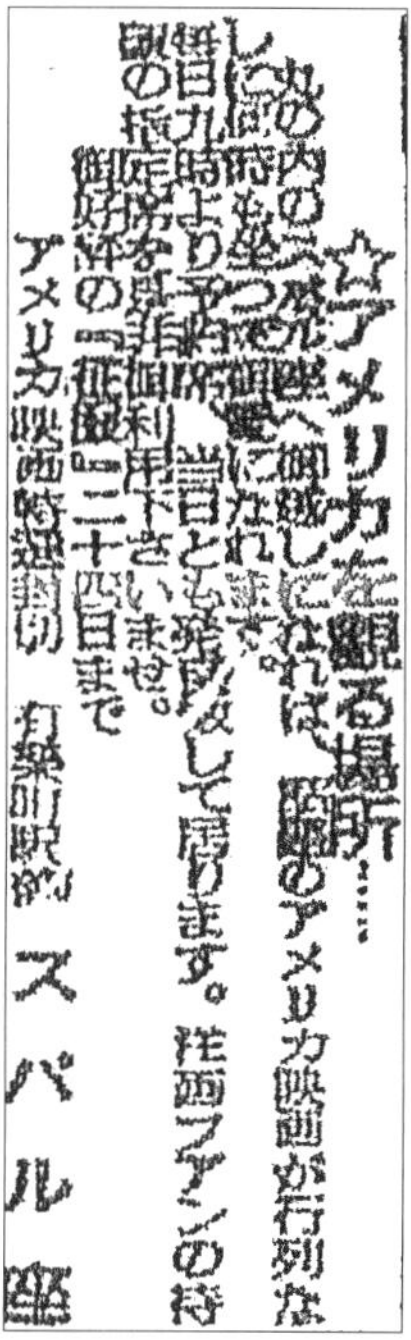

その85 平凡社「世界大百科事典」

さようなら、ミスター・ジャイアンツ

1974（昭和49）年10月19日の平凡社「世界大百科事典」の広告は、「さようなら、ミスター・ジャイアンツ」というキャッチフレーズと、巨人─阪神戦（天覧試合）でサヨナラホームランを放った瞬間の長嶋茂雄の躍動的な写真で読者の目を惹きつける。長嶋の引退5日後の広告で、まさにタイムリーだった。

この広告は、全35巻の「世界大百科事典」というお堅い書籍をぐんと身近で興味深い存在に感じさせている。長嶋は10月14日、後楽園球場で「巨人軍は永遠に不滅です」の名セリフを残し引退した。広告でも国民的人気者を送る気持ちを共有することで、この事典の体温をつたえるのだ。「全国の野球ファンから惜しみない拍手が送られた背番号3、長嶋茂雄選手。後世にいつまでも伝えられる、日本の野球界が生んだ偉大なヒーローの一人でしょう。」としている。

この広告はベースボール昭和50年の歴史を簡潔に記述し、さらにプロ野球記録一覧表を掲げている。野球ファンなら読まずにはいられないだろう。

1974年は、田中角栄首相が金脈で退陣し、ウォーターゲート事件で米国ニクソン大統領が辞任した年。エネルギー危機で銀座のネオンが消え、エレベーターや廊下の電灯が間引かれ、テレビ放送は夜11時までに自粛された。こんな暗い世相の中で長嶋茂雄の引退は一つの時代の

終わりを告げるものだった。

その86　夏目金之助「洋行出発挨拶」

留学を新聞で告知

1900（明治33）年9月7日、夏目金之助（漱石）ら4人は、東京朝日新聞に留学挨拶広告を出した。「小生共明八日午前五時五十分新橋発の汽車にて留学の途に上り候此段辱知諸君に告ぐ　藤代禎輔　夏目金之助　稲垣乙丙　芳賀矢一」。

夏目金之助（漱石）は、一行と共に新橋から横浜まで汽車に乗り、横浜からドイツ・ロイド社の客船「プロイセン号」でロンドンに渡った。広告には「新橋発の汽車にて留学の途に上り」とある。見送り人の多くは新橋で別れた。横浜の波止場まで来て船が出るのを見送ったのは家族・縁者と寺田寅彦などの限られた親友だけだったという。

洋行は新聞で告知するほどの「大事」だった。夏目金之助は「英語研究ノ為メ満二年間英国へ留学ヲ命ズ」と言う文部省の辞令を受けロンドンに渡った。「洋行出発挨拶」が掲載された新聞の同じページには「東洋汽船会社汽船横浜出帆広告」が香港行きと桑港（サンフランシスコ）行きを知らせている。立憲政友会創立事務所は、帝国ホテルで行う発会式を「羽織袴若しくはフロックコート着用のこと」と記している。

同年十月、三井呉服店（三越の前身）が「従来の座売りを廃し全店を立ち売りに改め、近代的デパートとして開場」した。日本人の生活は徐々に洋風化しつつあったのだ。夏目金之助の

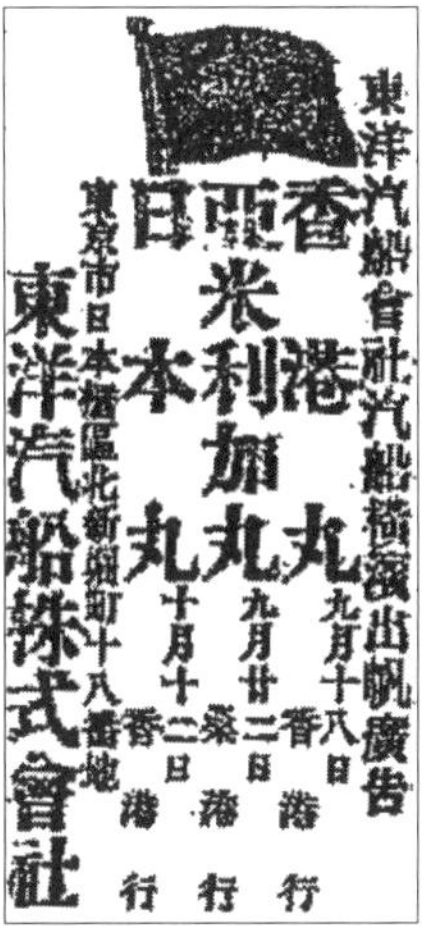
東洋汽船會社汽船横濱出帆廣告
香港丸 九月十八日 香港行
亞米利加丸 九月廿二日 桑港行
日本丸 十月十二日 香港行
東京市日本橋區北新堀町十八番地
東洋汽船株式會社

小生共明八日午前五時五十分新橋發の汽車にて留學の途に上り候此段辱知諸君に告ぐ
藤代禎輔 夏目金之助
稲垣乙丙 芳賀矢一

洋行は時代の先端をゆく快挙だったが、2年間のロンドン暮らしで鬱病に苦しんだ。洋行挨拶に名を連ねた4人の意気込みは、出発時すでにかなりの個人差があったようだ。

その87

福助足袋「歓送　巨船Z伯号」

歴史的瞬間をとらえるタイムリーな広告

1929（昭和4）年8月23日の福助足袋「歓送　巨船Z伯号」は、タイムリーな広告だ。福助足袋東京支店の上空を、巨大な飛行船ツェッペリン伯号がちょうど通過する瞬間をとらえている。まさに報道写真の臨場感と迫力だ。福助足袋東京支店の6階建ての堂々たる社屋と、ツェッペリン伯号の雄大な姿が見事な構図をつくっている。「名実ともに日本一」というスローガンも説得力がある。一枚の写真ですべてを表現し、コピーのないシンプルな構成だが、広告の中に「福助足袋」の文字が3ヶ所にあり、東京支店の所在地まで明記してあり、計算に抜かりはない。福助足袋は当時の大広告主である。

飛行船ツェッペリン伯号は、全長235・5メートル、直径30・5メートル、乗員35名、乗客40名だったという。ツェッペリン伯号の来日はこの年最大の話題だった。ドイツを出発しシベリアを経て5日目。8月19日夕刻に霞ケ浦に着陸した。霞ケ浦飛行場周辺は昼過ぎにすでに二万人を超す観衆がつめかけ、すし屋、パン屋、喫茶などの露店が立ち並び大混雑を呈した。ツェッペリン伯号は21日まで整備のため滞在し、22日未明に霞ケ浦を出発して、世界一周のため太平洋航路を一気にアメリカに向かった。福助足袋の広告は、日本から発ってゆく飛行船を歓送する情景だ。歴史的事件の一コマをとらえた貴重なドキュメンタリー広告である。

歡送　巨船Z伯號
福助足袋株式會社　東京支店樓上より
名實共に
日本一
福助足袋株式會社
支店所在地
東京市
日本橋區
小傳馬町
二丁目

その88　森下仁丹「ＪＩＮＴＡＮ」

先進性とスケール感

１９２５（大正14）年4月16日の森下仁丹の広告は、国際性をＰＲする異色の発想だ。すべて英文のコピーで、フジヤマ、ゲイシャという外国人がイメージする日本の風景そのままのデザイン。左上には説明文が挿入されている。「この広告は来る五月、五十万円の巨費を投じ朝日新聞の主催する訪欧飛行を機とし世界各地に頒布する日本名物仁丹の広告見本刷なり」。広告には「ＴＨＲＥＥ　ＪＡＰＡＮＥＳＥ　ＰＲＯＤＵＣＴＳ　ＯＦ　ＷＯＲＬＤ－ＷＩＤＥ　ＦＡＭＥ」（世界的に評判の3つの日本製品）とヘッドコピーが掲げられる。

朝日新聞主催の訪欧飛行は、フランス製の飛行機「初風」「東風」の2機を日本人が操縦し実施した。7月25日に東京を出発し、モスクワ、ベルリン、パリ、ロンドンを経て、8月27日にローマに到着した。リンドバーグの史上初の大西洋横断飛行が行われたのはこの2年後、１９２７（昭和2）年である。飛行機は時代の夢を乗せる乗り物だった。

仁丹は、話題性のある企画を行う遺伝子を持ち、つねにその時の最も新しいテーマをとらえる触角を持つ企業だ。朝日新聞社の訪欧飛行に託して仁丹のＰＲをヨーロッパで行う試みは野心的だ。そして、海外向け広告見本刷をそのまま日本の読者に知らせる手法は大胆で見る者を驚かす。仁丹の先進性とスケールの大きさを感じさせるひねりの利いた広告だ。

Three Japanese Products of World-wide Fame
此廣告は來る五月、五十萬圓の巨費を投じ朝日新聞の主催する訪歐飛行を機とし世界各地に頒布する日本名物仁丹の廣告見本刷なり。
Purveyors to the Imperial Household
"JINTAN'S THERMOMETER"
Supremely Excellent Dentifrice
"JINTAN'S TOOTH-POWDER"
消化と毒けし
両博士方剤
懐中良薬
仁丹
The Best Health Tonic in the Orient
"JINTAN"
Prepared by Dr. Norihiro Miwa & Dr. Zenjiro Inoue
"JINTAN" is made of precious essences. It is the best tonic, in pill form. It is renowned throughout the world. It is used daily by all the people of Asia as the best health preserver. It is a preparation that no one should be without.
Jintan's Medicinal Tooth Powder
仁丹のハミガキ
Jintan Pill Case
懐中薬仁丹
Jintan's Thermometer
仁丹の體温計

その89 トヨタ自動車「輸出累計100万台」

自信と信頼 取り戻せ

1970（昭和45）年1月1日、トヨタ自動車の元旦広告は、「世界の中のトヨタ」を誇らしげにアピールする。この年の各企業の元旦広告のテーマは、「国際」と「世界」。世界にはばたく若々しい意欲が広告に漲《みなぎ》っている。

「トヨタは100万台の車にサービス技術をつけて輸出しました」。ヘッドコピーが表すのは、モノにこめられたヒューマンウエアの大事さだ。広告のビジュアルは、各国のトヨタマンが自動車をかこんで笑顔でこちらを向き、ポーズしているもの。一人ひとりの顔から、誠実さと親愛感がつたわる。

「トヨタは、〈世界に誇りうるサービス〉が目標です」というキャプションにつづき、トヨタは品質を支えるサービスを重視し、教育に力を入れてきたことを語る。トレーニングセンターで研修した世界中から来たトヨタマンが「〈お客さま第一〉の精神とすぐれた技術を身につけて帰国し、世界の各国で活躍しております」。トヨタスピリッツの根幹はサービスであり、さらにその心を深めてゆこうとする決意を表明している。

そして、「トヨタはお客さま一人一人にご満足いただける車をお届けします」と宣言。トヨタが昨秋に輸出累計百万台を記録し、国際ブランドとしてゆるぎのない地位を築いたことが記されている。「品質とサービス」両面での努力が世界中に認められたことを、広告は控え目に、しかし自信をもって伝えている。

1970年は大阪で日本万国博が開かれ、77カ国が参加し、6400万人が会場に押し寄せた。この会場で日本人は、大衆レベルで世界を実感したのである。

その90　資生堂・小学館「元旦広告」

広告探訪新年特別号

正月広告は、いわば広告の桧舞台である。いつもと違う改まった気分で読者がメディアに接する時、広告も日常とは違う特別の意味をこめて登場する。１９９９（平成11）年の資生堂元旦広告は、正月にふさわしい端正で美的なレイアウトの挨拶広告だが、それが新しい口紅発売の予告になっているところが面白い。正月広告としての遊びとストレートな商品広告が、見方で変わるトリッキーなデザインだ。

広告の中心を占める女性のくちびるが、富士山となすびでできており、その間の白い歯が鷹になっている。初夢に見ると縁起のいい三つのものでくちびるをあらわした発想が見事だ。「今年はいいことがあるように」という願いが、女性のくちびるとダブル・イメージになっている。ボディトロンプ・ルイユ（だまし絵）の楽しみが、ふと、福笑いという昔の遊戯を思い出させる。おさえのコピーのキーワードも「夢」である。「縁起のいい夢」「女性のくちびるが夢見るもの」「資生堂がめざす夢の実現」という三題噺がストーリーを構成している。おさえのコピーは、「一九九九年　元旦、待紅来る。」ノスタルジックな印象をあたえるタイポグラフィーと言葉で構成されたコピーである。昔の言葉を使うことで読者の記憶の片隅にある情感をよびさまし、正月らしさを演出している。

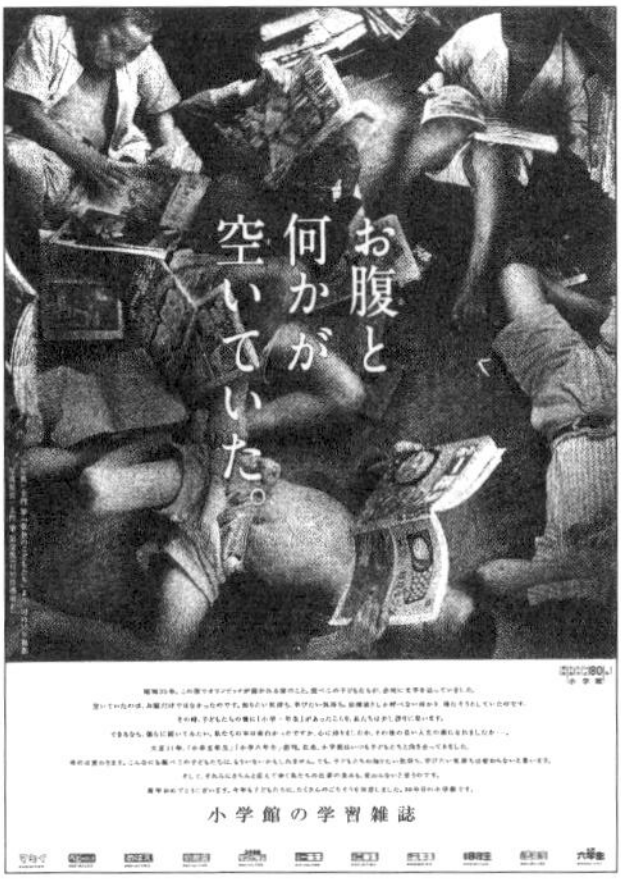

2002（平成14）年元旦の小学館の広告は、42年前の1枚の写真がその時代の記憶と共通体験を甦らせる。過去の共通体験への思いが深いほど、現在への問題提起は痛切なものとなる。土門拳撮影の一枚の写真には、貧しい身なりでむさぼるように本に見入っている子どもたちが写されている。1960年頃の衣食住はどれも貧しかったが、日本は復興に向けたエネルギーに満ち溢れていた。大人も子どもも欠落したものを埋めるために、モーレツに何かに取り組んでいた。

コピーは広告のコンセプトを語る。「空いていたのは、お腹だけではなかったのです。知りたい気持ち、学びたい気持ち。知識欲としか呼べない何かを、満たそうとしていたのです。」時代は変わっても子どもは肉体的精神的成長への強い渇きをいつも持っている。その渇きを満たす責任の自覚を、広告は表明している。

その91　八洲家畜病院「開院のしらせ」

あらゆる動物の病気を治療

1892（明治25）年11月9日の八洲家畜病院「開院のしらせ」は、牛、馬、犬、猫、鶏の絵入り広告である。浅草・鳥越橋に新しく開院する家畜病院は、今の犬猫病院のようなペットだけを対象としたものではなく、野外で飼育される鳥獣を診療する。

明治20年代の東京はあちこちに牧場があり馬場があり農園があった。牛や馬は東京人の生活に密着した存在だった。広告は「すべて畜類の病気を診察してすぐに治療いたします。依頼に応じ畜類の鑑定をいたします」と記している。畜類の診察治療とともに、動物の評価をし値段の査定もしたのである。売買に一役買ったものと考えられる。また「蹄鉄も丁寧に打換えます」とあり、病気だけでなくメインテナンスの仕事もしていた。

明治22年の「牧畜雑誌」を見ると、当時の東京・麻布の家畜病院における料金が記されている。入院料（1日分）は、大動物（牛馬）40銭、中動物（羊、豚、山羊）20銭、小動物（犬、猫、家禽）10銭である。薬価（内服1日分）は、大動物15銭、小動物10銭。浣腸薬（1日分）大動物5銭、小動物2銭である。外来患畜診察料は、大動物50銭、中動物20銭、小動物10銭。往診料1円。蹄鉄料（1回分馬1頭につき）25銭ないし1円。同年の米価は1石（150キログラム）当たり4円7銭、とあるから、現在のペットと同様、当時の家畜の診察料はかなり高価だった。

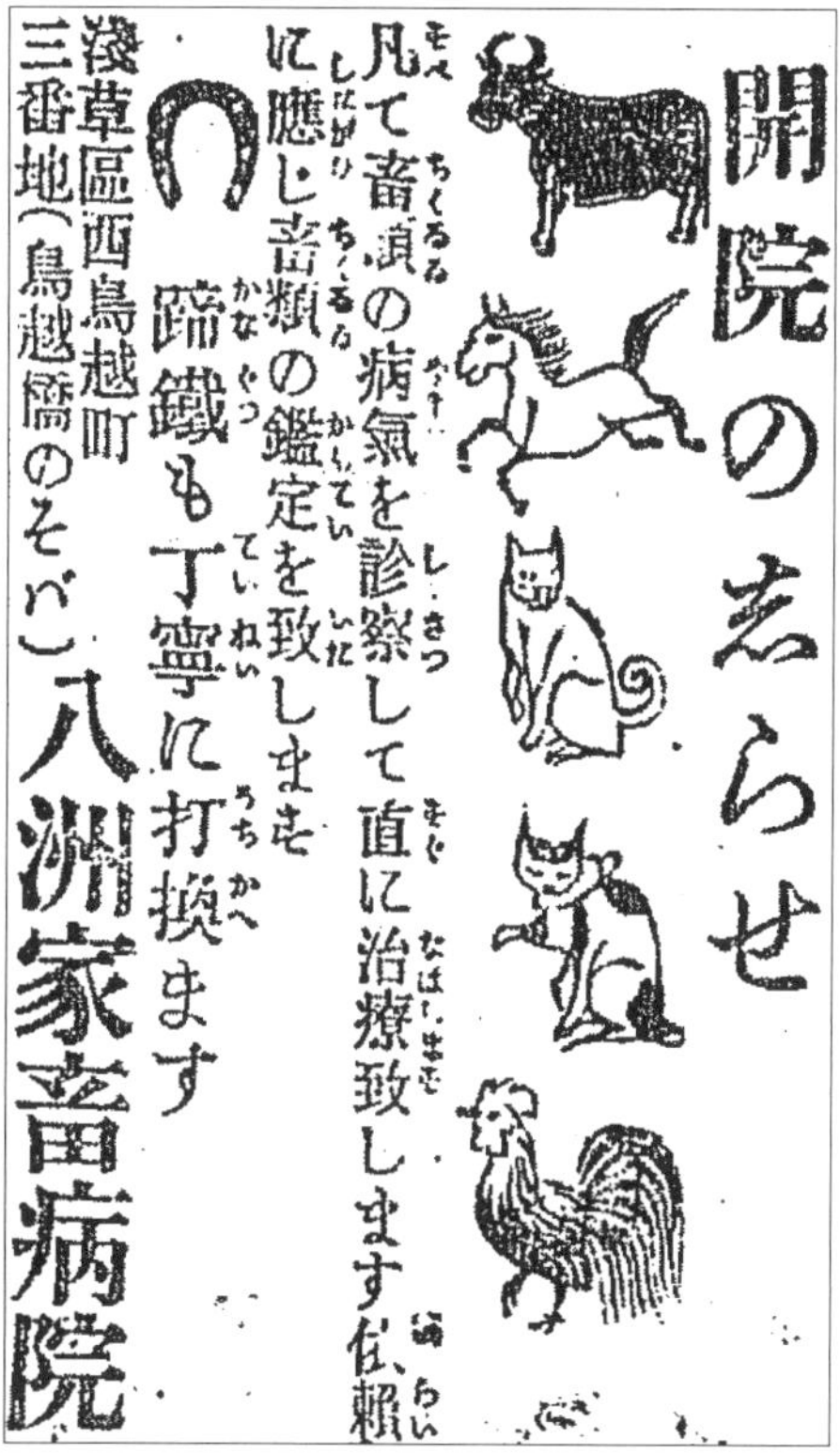
開院のしらせ
凡《すべ》て畜類《ちくるゐ》の病氣を診察《しさつ》して直《すぐ》に治療致します依頼
に應じ畜類《ちくるゐ》の鑑定《かんてい》を致《いた》します
蹄鐵《かなぐつ》も丁寧《ていねい》に打換《うちかへ》ます
淺草區西鳥越町
三番地（鳥越橋のそば）
八洲家畜病院

その92　数十社連合広告「復興祝賀行列　広告祭」

広告主による広告パレード

1930（昭和5）年3月25日の「復興祝賀行列　広告祭」は、広告主による広告行進イベントを告知する広告だ。大正12年の関東大震災から7年の歳月を経ての復興を祝う記念事業「帝都復興祭」の一環として「広告祭」が企画された。

広告主数十社が参加し、思い思いの趣向でパレードする。芝公園でセレモニーを行ったのち、午後2時に音楽隊を先導に大門を出発。新橋、銀座、京橋、日本橋、須田町、広小路、上野公園へと行進を行った。

広告は二つのギミックスを仕掛けている。一つは「どの広告行列が気に入ったか？」という人気投票である。ハガキで応募し、投票数で各等を決め、各等ごとに抽せんの上賞品を贈呈する仕組みとなっている。1等・写真機1名、2等・銀時計3名、3等・万年筆20名、4等・サンデー毎日最新刊50名。

もう一つは「広告行進の写真募集」である。どの広告を撮影しても自由で、「1つの景物詩として全体を写しても、復興祭の市中の賑わいとしてもよい」としている。賞品は、1等・洋服タンス1名、2等・銀カップ2名、3等・銀メタル30名、4等・フォトタイムス1部200名。

広告には、参加広告主の行列のイラストがにぎやかに並んでいる。各社から広告が集められたためか、左書きと右書きが混在しているのが面白い。雑然とした雰囲気が祭りの活気と楽しさを感じさせる。

1930年は、ルンペン、エログロナンセンスなどが流行語となり、不況が広がっていた。「復興祝賀行列　広告祭」は、そのような時勢の中で広告人による社会への元気づけであろう。

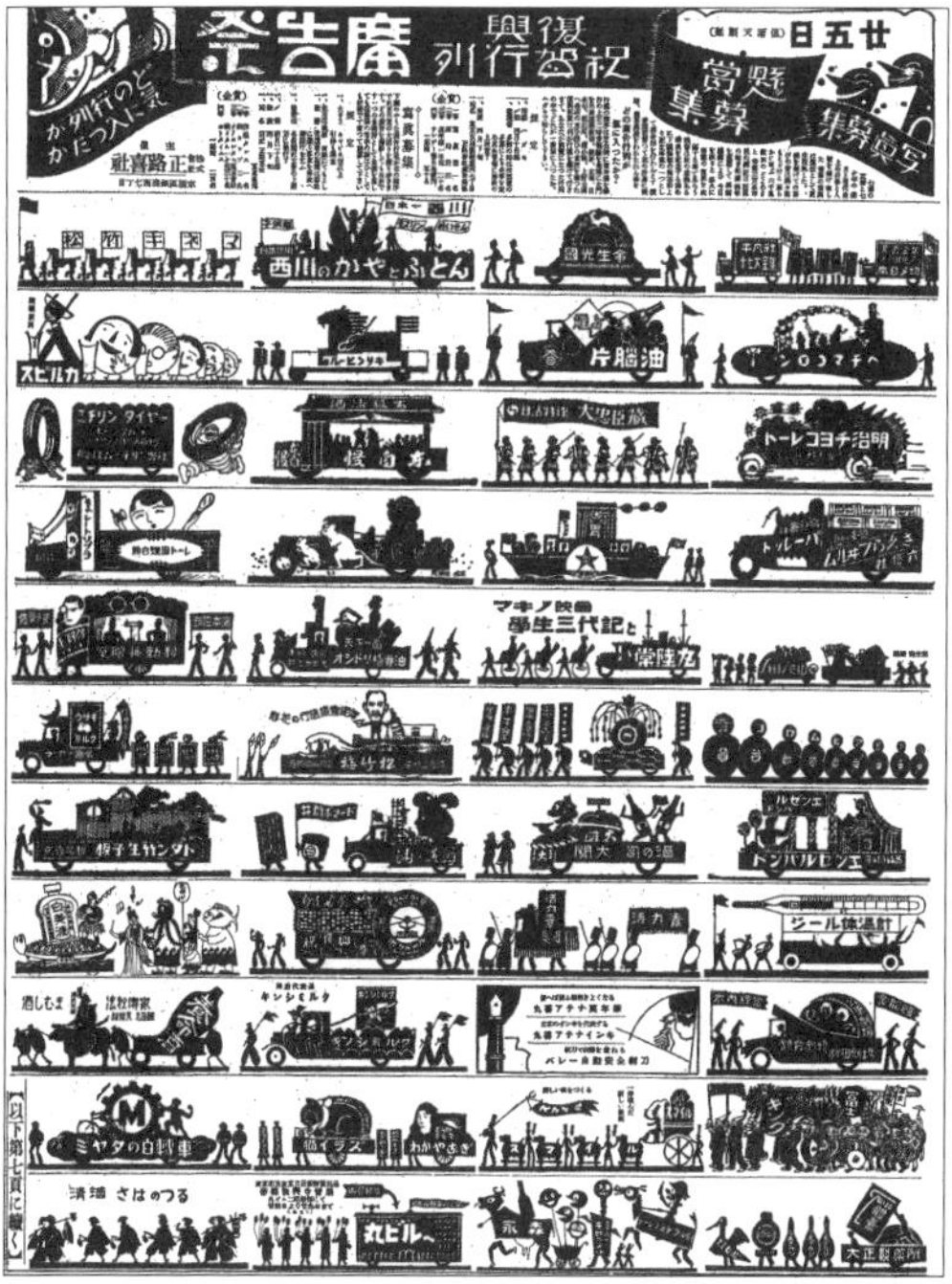

その93　歌舞伎座「歌舞伎百年。」

5度姿を変えた桧舞台

１９８８（昭和63）年1月4日、歌舞伎座の広告は「今年は歌舞伎百年。」と、誇らしげに謳い上げる。「明治、大正、昭和。三代の拍手が響く絢爛豪華な晴れの舞台」と記すように、まさに劇場の中の劇場であり、桧舞台である。「明治22年、歌舞伎の殿堂として華やかに幕を開けた歌舞伎座は、歳月を重ね今年で百年を迎えました」。

広告の下部には、百年記念公演スケジュールとして、1月から6月までの演目と出演者の名前が記されている。1月昼の部「寿曽我対面」「勧進帳」「義経千本桜」から始まり、6月夜の部「本朝廿四孝」「春興鏡獅子」「幡随長兵衛」まで、歌舞伎の代表的な出し物が並ぶ。役者は、団十郎、雀右衛門、玉三郎、猿之助、勘三郎、仁左衛門、梅幸、歌右衛門、孝夫、菊五郎など当代の人気役者が勢揃いしている。「百年に際し、今年の歌舞伎座では一年を通して記念公演を行い、歴史の節目にふさわしい絢爛豪華な舞台をご覧に入れます」と、挨拶が掲げられる。

広告中央に置かれた歌舞伎座の外観写真……桃山造りの建物の威容が格式を感じさせる。重要無形文化財であり、ユネスコにも世界無形遺産として登録されている歌舞伎は、伝統をうけつぎつつ、つねに新しい時代に適合するための革新を必要としているのであろう。歌舞伎座は4度の建て直しが行われ、２０１３年に5代目の姿がお披露目された。

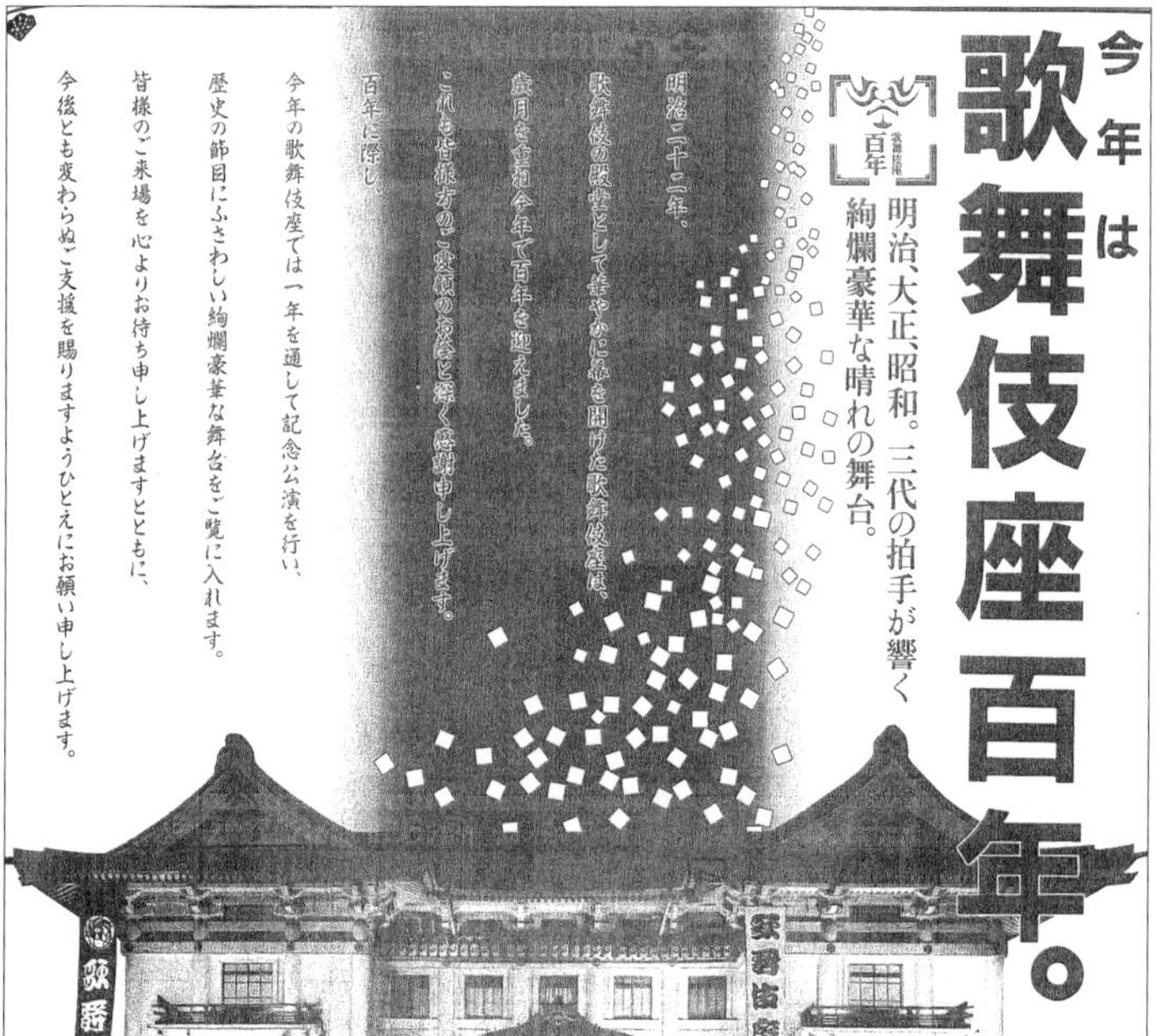
今年は
歌舞伎座百年。
明治、大正、昭和。三代の拍手が響く
絢爛豪華な晴れの舞台。
歌舞伎座 百年
明治二十二年、
歌舞伎の殿堂として華やかに幕を開けた歌舞伎座は、
歳月を重ね今年で百年を迎えました。
これも皆様方のご愛顧のお陰と深く感謝申し上げます。
百年に際し、
今年の歌舞伎座では一年を通して記念公演を行い、
歴史の節目にふさわしい絢爛豪華な舞台をご覧に入れます。
皆様のご来場を心よりお待ち申し上げますとともに、
今後とも変わらぬご支援を賜りますようひとえにお願い申し上げます。
歌舞伎座百年
歌舞伎座
◆歌舞伎座百年記念公演スケジュール◆
寿初春大歌舞伎
二月大歌舞伎
三月大歌舞伎
四月大歌舞伎
五月大歌舞伎
六月大歌舞伎
歌舞伎座

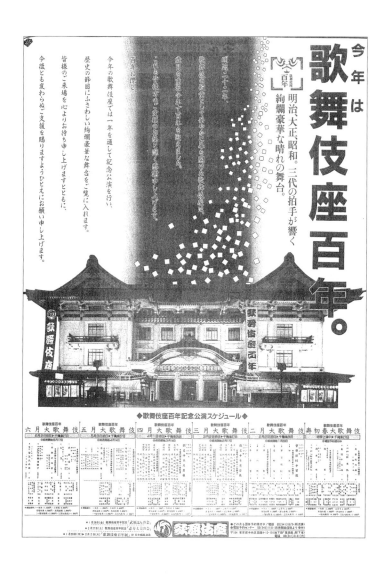

その94　芸妓小清「帰宅の御披露」

冤罪が晴れての挨拶広告

明治17（1884）年10月29日の大阪・南地の芸妓小清の「帰宅の御披露」は、嫌疑が晴れて無罪放免で釈放された際の挨拶広告である。人気商売だけに、無実にせよ拘留されたことは大変な痛手だったろう。

挨拶文は、歌舞伎の科白のように韻律を持ち流麗である。「……わたくし事思いもよらぬ災難にてこの程じゅうよりその筋へ御拘留に相なり二十日余りの長きのうち何暗からぬ身を持て闇室（くらきところ）に詫び居ぬ一時も千秋のふる事を思ひ合わされ鳴く鹿のわが身をかこつはぢ紅葉赤き心をあらわしかねて涙に暮らし候折柄曇らぬ御代のます鏡露いささかも覚えなき無実を照らし給りて……」。

広告には、「南地平辰席芸妓小清」と名前が記され、絵師の筆になる小清の挨拶姿が描かれている。「定めて世間にさまざまの噂も多く候ふべけれど右の訳ゆえ濁りに染まぬ蓮葉の清きを一層御憐み」今後ますます御愛顧を賜りたいと記している。

この広告が掲載される前の年の明治16年は、11月末に東京・日比谷に鹿鳴館が落成し、華やかな夜会や舞踏会が連夜のように開かれていた。このころから社会の表面は急激に洋風化し、西欧的思想・概念としての「個人」という訳語が生まれたのも1884年のことである。しかし、

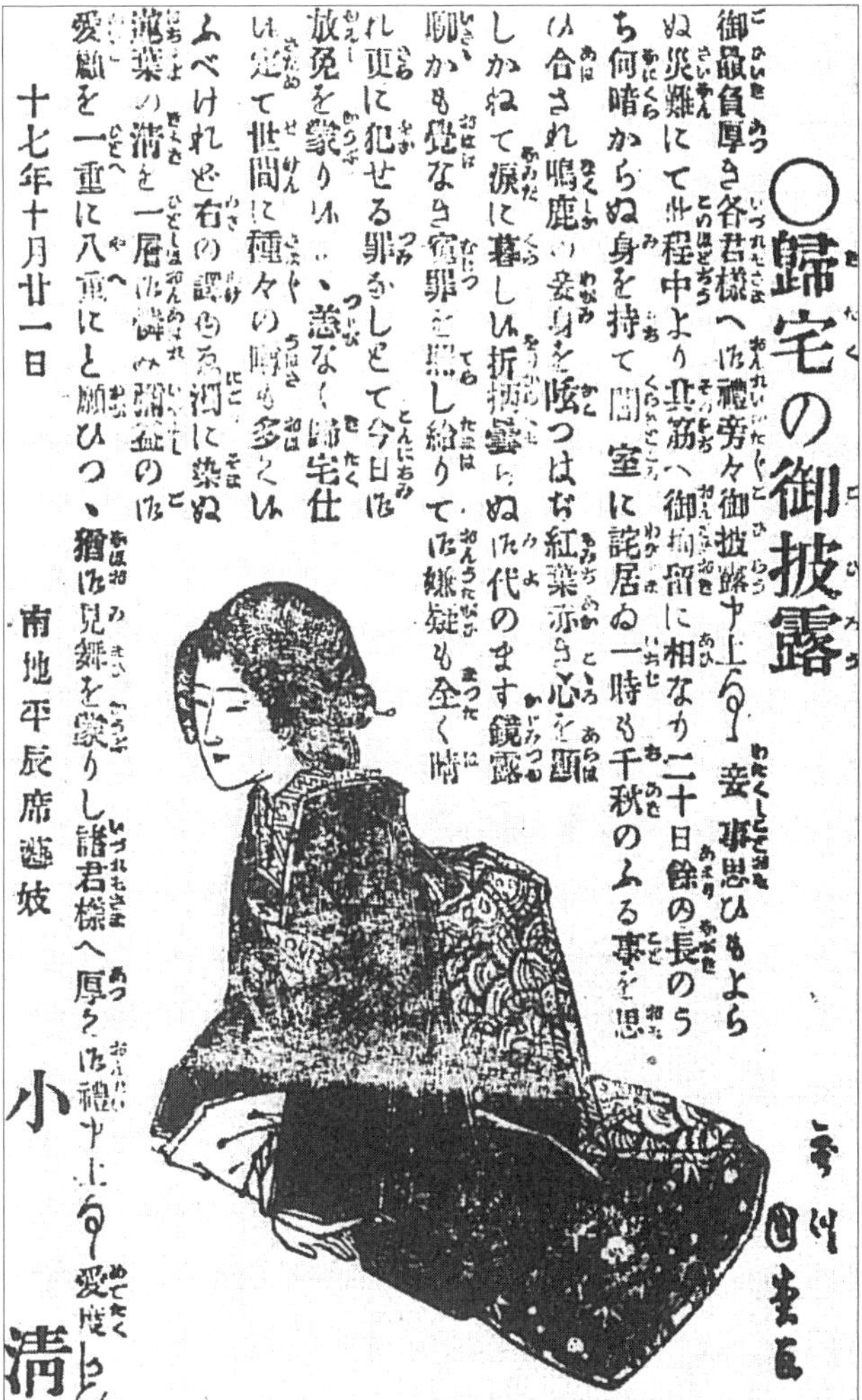
○帰宅の御披露
十七年十月廿一日
南地平辰席藝妓
小清

日本人の日常は、この帰宅挨拶広告に見るように、まだ古いものをそのまま引きずっていた。

その95　宝島社「田村隆一」

死者からのメッセージ

1998（平成10）年9月9日の宝島社の広告は、8月26日に亡くなった詩人・田村隆一氏が登場する。スペース中央、黒枠の中はその年の元旦に出稿された全ページ広告をそのまま縮小したものだ。

黒コートに身を包みネクタイをしめた「生きている」田村隆一はダンディでセクシーだ。中央に「おじいちゃんにも、セックスを。」と、洒脱《しゃれ》でアイロニカルなコピーが記されている。その田村氏が死者として挨拶を送っているのだ。「じゃあみなさん　これからいろいろ大変だろうけど　お先に失礼します」。死者が生きている人間に「いろいろ大変だろうけど」と思いやりを見せるなんとも不思議なコピーだ。

殺伐とした世の中で、生きる目標が希薄になった現代人への皮肉もにじませているのだろう。詩人はさっそうと「みなさん　お先に失礼」と出かけてしまう。なんともカッコイイ。「死者が語る」とは珍しい手法である。

黒枠の下に一行、「『戦後派最後の詩人』田村隆一氏のご冥福をお祈りいたします　宝島社」と追悼の言葉が添えられている。美しく毅然とし、年をとるにつれて充実の度を増してゆく、そんな骨っぽい男が数多くいた「戦後派」時代の終焉を、「戦後派最後の詩人」という表現で語る。

そこに現代社会への批評が込められているのである。

1998年、「老人力」「キレル・むかつく」などの流行語がマスコミをにぎわした。これまでの世間的な常識に抗う個性的で自由な生き方を求める高齢者がふえる一方、疲労感、喪失感に精神を病む若者たちが社会問題になっていた。

じゃあみなさん
これから いろいろ 大変だろうけど
お先に失礼します
おじいちゃんにも、セックスを。
宝島社
「戦後派最後の詩人」田村隆一氏のご冥福をお祈りいたします　宝島社

その96 片岡敏郎「引退広告」

１９４１（昭和16）年5月20日、名コピーライター片岡敏郎は引退広告を出した。「感ずるところあり　昨年十一月かぎり　寿毛加社の役員も仕事の方も辞しました　で　スモカの広告と販売には今は全く無関係でございますので　この儀お含みのほどを　どうぞ」

挨拶文として、さすがに一分の隙もない。句読点を使わず、一文字分の空きで万感の思いを伝える。「で」という一言が、実に効いている。「どうぞ」と余韻を残す終わり方に柔らかさがある。名刺形の広告の左上には「辱知各位」と記し、下に「永い間　いろいろと御後援を頂き深謝いたします」と礼を述べている。

高級潤製歯磨〝タバコのみの歯磨スモカ〟の企画立案者は片岡敏郎である。片岡はスモカの流通販売システムを確立し、販売店の「売り方」まで厳しく目を配って勝手な安売りや景品付き販売は許さなかった。いい売り方、いい買い方が商いの前にあり、広告は企業と消費者の付き合いであり会話だと考え、結果より方法を重視した。スモカのマーケティング・広告には片岡の思想がはっきりと表れている。

引退広告に「スモカの広告と販売には今は全く無関係でございますので」と記した言葉の意味は重い。片岡敏郎は敗戦の年１９４５（昭和20）年1月31日、肺結核の悪化により石川県金沢市で死去した。享年65歳。

感ずるところあり　昨年十一月かぎり
還元調販の役員も仕事の方も辞しました
で　スギカの勝負と勝負には今は全く無関係で
ございますので　その旨お含みのほどを　どうぞ

片岡敏郎

永い間
いろ〳〵と御懇篤を頂き　拝
深謝いたします

尊知各位

第九部

物語性のある、感動的な広告

その97 公共広告機構「トンボは棲めるか」

「トンボは棲めるか」

1989(平成元)年2月制作の公共広告機構(現・ACジャパン)の自然環境をテーマにした「あなたの国に、まだトンボは棲めるか」は、開高健のコピーによるドラマチックな訴えが人々に切実な問題意識を呼び覚ました。

「自然は今、全地球規模で酷い状況になっている。トンボがいなくなった、ドジョウがいなくなった、カエルの鳴き声は聞こえない、ウグイスの声も聞いたことがない……」と始まるコピーは、作家の危機感がそのまま読者につたわってくる。

「ヒトは月へ行って帰ってこられるようになったものの、オタマジャクシ一匹、実験室で作り出せないじゃないか」。科学文明の限界、人間の驕《おご》りを鋭く指弾する。そして「すべての日本人が心の故郷喪失者になりつつある今こそ」形あるものが形のないものから生まれるという大原則を思い起こし、自然を愛そう、と呼びかける。

開高健が署名入りで書いたコピーは、大きな反響を呼び起こした。この広告が出始めてから6カ月の間に約600通の投書が寄せられ、電話による意見も数え切れぬほどとなった。朝日新聞「天声人語」、日経新聞「春秋」で取り上げられ、学校の教材としても使われた。新潟市役所では県人のための雑誌「ひろば」の30ページすべてをこの広告を中心とした内容で編集し

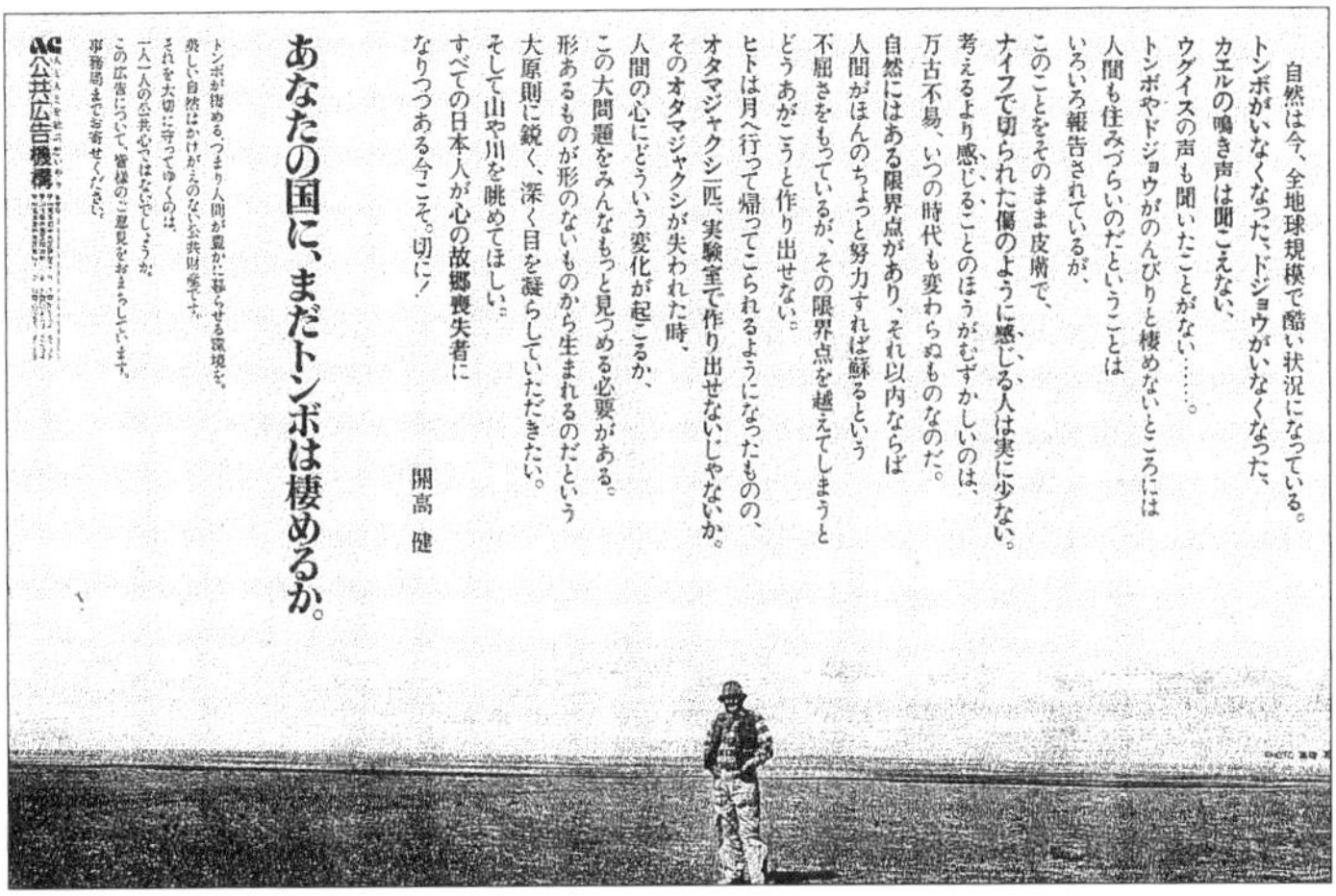

たという。投書をまとめた冊子は、この広告から触発され「自ら自然を大切にするために行動したい」という文章で埋めつくされている。広告が人を感動させ、駆り立てる力をもつことをこれらの投書が語っている。

その98　JR東海「距離に負けるな、好奇心。」

若者に行動呼びかけ

1988（昭和63）年1月29日、JR東海の広告「距離に負けるな、好奇心。」は、情感をにじませつつ若者に行動的な生を呼びかける。「ビートルズの時が、そうだったように。その時の、そのあなたじゃないと、ぜったい行けない場所がある。……その時の、あなたじゃないと、どうしても感じない出来事がある」

若さの特権は感受性にあふれていることだ。それはほんの短い間にしぼんでしまう。今のチャンスを逃してはいけない、と広告は若者をけしかける。「誰が何と言っても、あなただけが知っている最高の宝物。それはたとえば、探し歩いた小さな喫茶店の、マスターの笑顔かもしれない」

この広告は、国鉄が1970年にスタートさせたDISCOVER JAPANを受け継いでいる。「ディスカバー・マイセルフ」「美しい日本と私」をサブ・テーマにしたキャンペーンの思想は、新幹線という翼を持っていっそうスピーディに、気軽に動く旅の提案へと前進させた。「見たいもの、聞きたいもの、触れてみたいものがこの日本にあるかぎり、好奇心でいっぱいの不思議の国のアリスたちは、いつの時代も元気な姿を現します」

広告には、若い女性がコンサートのパンフレットを胸に抱いて新幹線の座席で満足げに目を閉じている。1964年に東海道新幹線が開通してから24年。ビジネスの大動脈として機能するとともに、個人の内面生活を拡げる役目に広告をシフトさせている。「距離に負けるな、好奇心。」というフレーズの優しさが心をくすぐる。

この年の日本経済は成長し、株価も3万円を突破した。地域活性化のため地方博覧会が全国各地で開催され賑わった。

その99 デルタ航空「スピリッツ・オブ・デルタ号」

物語をもつ感動的広告

1989(平成元)年10月18日のデルタ航空の広告は、社員が会社を愛する希有な物語だ。「従業員が集まって、会社に飛行機をプレゼントするなんて、デルタのほかにあるでしょうか。」とヘッドコピーが語るように、他社には見られない独特の企業文化が表れている。

「デルタ航空には、スピリッツ・オブ・デルタ号と名づけられたボーイング767があります。1982年、社員たちがデルタ航空の待遇に感謝して、会社に贈ったもの。そのとき機体にかけられた赤いリボンの切れ端を、今でも皆、勲章のように大切に持っています」

広告の中央には、格納庫で行われたスピリッツ・オブ・デルタ号贈呈式の写真が誇らしげに置かれている。73年の石油危機のとき、フライト数を減少させねばならぬため首切りが心配されたが、スチュワーデスを予約係やチケット係につけたり、パイロットをローディングの任務につけたりしながら一人の首も切らなかった。

しかし82年度、36年ぶりにはじめて8700万ドル(当時換算200億円)の赤字を計上した。空の規制緩和によるダンピング競争のためで、他社も軒並みマイナス決算をし、この業界で4万人のレイオフが行われた。だがデルタ航空はひとりも首切りをしなかった。

この対応に社員は感謝し、会社を勇気づけるために有志を募りOBにも声をかけ、会社に

大型ジェット機をプレゼントした。ボーイング７６７（３０００万ドル—当時換算69億円）である。社員の過半数が平均１０００ドル（23万円）近い金を出し合ったことになる。「この出来事が物語るのは、デルタ航空に籍を置く人々の、じぶんの会社と仕事に対する限りない愛情と誇りです。こうしたデルタ航空の家族的ふんい気は、すべてのフライト、すべてのサービスに反映されています」。

この、「デルタのほかにあるでしょうか」という企業広告シリーズには、旅客サービス係、整備士などのエピソードが紹介されており、デルタ航空社員の誇りとホスピタリティーを見事に表す感動的な広告になっている。

その100　ヤマト運輸「たった2個」

サービスの心を語る

1988（昭和63）年1月1日のヤマト運輸の広告は、元旦にふさわしい企業成功のドラマだ。「昭和51年1月20日　私たちがおあずかりした荷物は　たったの2個でした。」というキャッチコピーは、このビジネスがいかに勇気をもってはじめられ、苦難を乗り切って現在に至ったかをシンボリックに語る。たったの2個ではじまった宅急便が、12年後には1日に250万個の荷物を運ぶまでに成長した。

成功の秘密をボディコピーは4つの項目で説明する。「郵便局さえないところにも、私たちの取扱店があります」。「荷物があるから営業所をつくるのではなく、ヤマトが店を開くから客が荷物を送るようになる」。ニーズに対応するのではなく、新しいニーズを創出するビジネスの発想は大胆だ。ヤマト運輸は、現代社会のあり方、人々の行動と心を洞察し、「便利」さを実現するシステムをつくった。「吹雪の中でも、セールスドライバーは走って行きます」。

ヤマトの運転手は営業マンであり、コンピューターを扱って客の相談に応じるサービスの専門家だ。翌日配達のためにプロフェッショナルとして行動する。「せっかくの魚がかわいそう。だから冷蔵庫で運びます」。クール宅急便の温度管理も、ゴルフやスキーの宅急便もみんなヤマトが見つけた「コロンブスの卵」だという。快適さを求める客の欲望をいち早く商品化して

ゆく着眼のよさが宅急便をますます必要な存在にしているのだ。

『私が、クロネコヤマト』。全員経営のサービス精神です。」サービスは結局「人」であり、ヤマトの社員すべてが自分こそヤマトの代表だと考えている。その責任感と仕事を愛する意欲がクロネコへの信頼を育てている。この広告は客だけでなく、自社のセールスドライバーに向けた広告でもあろう。広告に書かれた4項目こそ全社員に徹底したい精神のはずだ。

1988年は、ソウル・オリンピックが開催され、国内では地方博が全国各地で開催され大ブームとなった。青函トンネルが開業し、瀬戸大橋が開通した。日本人はモビリティを増し、生活を便利にする新しいサービスや商品はますます求められていた。

あとがき

　皆さんはこの本に登場する歴史的な広告の存在や、広告クリエイターたちの名をご存じでしたか。一般の方は知らなくて当然ですが、広告の第一線で働く現場の多くの人も、広告の歴史に関心を持っていないのが現状です。

　広告は忙しいビジネスです。ほとんどの人が「昔のことなどに興味を持っている暇はないしと、目の前にある仕事の処理に力をつくし、前を見ることしかしません。だからいつまでも幼稚な広告が世の中に出、昔から変わらない陳腐な表現が横行してしまうのです。

　本書で見てきたように、広告の歴史には、数多くのすぐれた作品があります。現代の広告クリエイターたちも、それらを学び、そこからヒントを得ることで、もっといい広告が作れるのではないでしょうか。

　文学・音楽・絵画・演劇・工芸など、あらゆる表現は、「古典」を大事にし、そこを創造力の源泉として、新たな挑戦、飛躍を試みています。しかし、広告はどうでしょう。第一線のクリエイターは、広告の「古典」を熟知し、その上に立って作品を制作しているでしょうか。私は、広告をよくするには、広告の歴史や広告作品の古典を大事にし、そこから学ばなければならないと信じています。

　この小さな本は、広告クリエイティブの歴史のほんの一部です。しかし明治、大正、昭和、平成と、各時代において、大事な広告遺産のいくつかを紹介できたと思います。

本書は、「アドバタイムズ」に２００９年５月から２０１１年３月にかけ、91回連載したコラムを再編集したものです。新たに未掲載の９篇も加え、１００篇にまとめました。

１００篇を９つのパートに分けて構成してみると、新たなテーマが浮かび上がって来ました。広告の魅力、広告の楽しさ、広告の役割、広告の意味についての考察です。私自身、改めて「広告は生をそそのかす」「広告は生きる元気をあたえる」ということを感じることができました。

最後に、この本をお読みになったみなさんには、世の中の出来事に一層興味を感じ、愉快な気分になっていただけたら、私にとって望外の喜びです。

〈著者紹介〉

岡田芳郎（おかだ·よしろう）

1934年、東京·小石川に生れる。早稲田大学政経学部卒業後、1956年に電通入社。営業企画局次長、コーポレートアイデンティティ室長などを経て電通総研常任監査役を務め98年に退職。

大阪万博「笑いのパビリオン」企画、「ゼロックス·ナレッジイン」はじめ数々の都市イベントをプロデュース。電通のCIビジネスへの取組みにリーダーとして、アサヒビール、NTT,JR,東京電力はじめ数多くのプロジェクトを推進した。また、企業メセナ協議会の創設に尽力した。

著書に、「世界一の映画館と日本一のフランス料理店を山形県酒田につくった男はなぜ忘れ去られたのか」（講談社）、「社会と語る企業」（電通）、「観劇のバイブル」（太陽企画出版）、「アメリカの心―全米を動かした75のメッセージ」共訳書（学生社）、「ビジネスマンへのメッセージ」（学生社）、「冠婚葬祭に詩の花束を」（経済界）、「メディアの河を渡るあなたへ――小谷正一物語」（ボイジャー）、「楽隠居のすすめ―鶉衣のこころ」（廣済堂出版）、「アメリカライフスタイル全書」監訳（日本経済新聞社）、詩集「散歩」（思潮社）、「企業フィランスロピーへの出発」共著（電通）、「日本の企画者たち」（宣伝会議）など。

日本の歴史的広告クリエイティブ100選

発行日　2017年11月10日　初版

著　者　　岡田　芳郎
発行者　　東　英弥
発行所　　株式会社宣伝会議
〒107-8550 東京都港区南青山3-11-13
tel.03-3475-3010（代表）
http://www.sendenkaigi.com/

装丁・DTP　ISSHIKI
印刷・製本　株式会社暁印刷

ISBN 978-4-88335-417-7